A new
course
for
teenagers,
or anyone
learning Welsh
on their own
or in classes

Argraffiad cyntaf: Ebrill 1992
Trydydd argraffiad: Mehefin 2004
Ⓟ Hawlfraint Heini Gruffudd a'r Lolfa Cyf., 1992

Clawr: Dafydd Prichard

Rhif Llyfr Rhyngwladol: 0 86243 245 6

Cyhoeddwyd yng Nghymru
ac argraffwyd ar bapur di-asid a rhannol eilgylch
gan Y Lolfa Cyf., Talybont, Ceredigion SY24 5HE
e-bost ylolfa@netwales.co.uk
y we http://www.ylolfa.wales.com/
ffôn (01970) 832 304
ffacs 832 782

heini **gruffudd.**

a welsh course for the young.

DIOLCH

Diolch i Gwyneth Hunkin a chwmni'r
Urdd am y cyfle i baratoi cyfresi lluniau
dros bum mlynedd i'r cylchgrawn
Mynd. Y rhain yw sail y llyfr hwn. Diolch
i Efa, Nona, Gwydion, Anna a Linda am
fod yn actorion parod, ac i Wasg Y
Lolfa am fentro unwaith eto.

THANKS

Thanks to Gwyneth Hunkin and the
Urdd for the opportunity to prepare
picture stories for the learners'
magazine, *Mynd,* over five years. These
form the basis for this book.

HOW TO USE THIS BOOK

This is the first teach yourself Welsh book ever topically designed for young people learning on their own.

This book should be useful for everyone trying to learn Welsh on his own. It can also be used by people in classes, by young people in schools.

The work in the book covers a few years' work at school—but each part has enough explanations for you to understand it quickly.

Work through each exercise—and you'll be surprised how easy it is. After reaching the end, it's worth rereading it many times to master everything.

Answers are given at the end. Don't look them up until you've done the work first!

Try to understand the picture conversations by reading them many times, and checking the translation underneath. Then read them without looking at the translation.

Teachers should find here plenty of exercises, pictures and situations to use in classes.

Try out your Welsh whenever possible. Remember to say

'Siaradwch yn araf. Rydw i'n dysgu Cymraeg.'
(Sharadooch uhn ahrahv. Ruhdoo een duhskee sharad Kuhmraheeg)
Speak slowly. I'm learning Welsh.

Listen as much as you can to Welsh radio and T.V. programmes for learners.

CONTENTS

CONTENTS

KEY-WORDS

PRONUNCIATION

Every letter in Welsh is pronounced—there are no silent let-
ters as in English. Most letters have only one basic sound,
which makes pronunciation simple, but you will notice that
all vowels can be long or short. The accent on Welsh words
is, with few exceptions, on the last but one syllable. Here is
the Welsh alphabet with the equivalent English sounds:

A	—	as in 'hard'
		or 'harm;
B	—	b
C	—	k
CH	—	as in 'Ba**ch**' (the composer)
D	—	d
DD	—	as 'the' in '**th**em' (noted as 'dd' here)
E	—	as in 'sane'
		or 'self
		When it immediately follows 'a', or
		'o', the sound is 'ee'
F	—	v
FF	—	ff
G	—	as in 'garden'
NG	—	as in 'lo**ng**'
H	—	as in '**h**at' (never silent)
I	—	as in **tea**'
		or 'tin'
J	—	j
L	—	l
LL	—	as in '**Ll**anelli'. This sound does not occur in English. Place the tongue on the roof of the mouth near the teeth, as if to pronounce 'l', then blow voicelessly.

M	—	m
N	—	n
O	—	as in '**o**re'
		or 'p**o**nd'
P	—	p
PH	—	ff
R	—	r
RH	—	rh
S	—	s (as in '**s**ong'; never as in 'a**s**')
T	—	t
TH	—	as in 'clo**th**'
U	—	roughly like Welsh 'i'
W	—	as in 'b**oo**n'
		or 'c**oo**k'
Y	—	as in '**tea**'
		or 'tin'
		or 'run'

The pronunciation is put in **bold**.

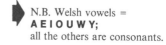

N.B. Welsh vowels =
A E I O U W Y;
all the others are consonants.

PRACTISE SAYING THESE WORDS

A	tân *(fire)* (tahn)		**M**	mam *(mother)* (mam)
	amser *(time)* (ahmsehr)		**N**	nawr *(now)* (nahoor)
B	bws *(bus)* (boos)		**O**	bore *(morning)* (borheh)
C	coffi *(coffee)* (koffee)			oren *(orange)* (ohren)
CH	chi *(you)* (chee)		**P**	papur *(paper)* (papir)
D	da *(good)* (dah)		**PH**	ei phapur *(her paper)* (ee phapir)
DD	newydd *(new)* (nehoo-idd)		**R**	rygbi *(rugby)* (rugbee)
E	te *(new)* (teh)		**RH**	rhoi *(give)* (rhohee)
	pen *(head)* (pehn)		**S**	soffa *(sofa)* (soffah)
F	fan *(van)* (van)		**SI**	siop *(shop)* (shop)
FF	ffilm *(film)* (ffilm)		**T**	tost *(toast)* (tohst)
G	gardd *(garden)* (gahrdd)		**TH**	saith *(seven)* (saheeth)
NG	fy ngardd *(my garden)* (vuh ngahrdd)		**U**	un *(one)* (een)
				pump *(five)* (pimp)
H	hi *(she/her)* (hee)		**W**	swper *(supper)* (soopehr)
I	i *(I/me)* (ee)			dŵr *(water)* (door) (oo as in 'too')
	cinio *(dinner)* (kinyo)		**Y**	yn *(in)* (uhn)
J	jam *(jam)* (jam)			dyn *(man)* (deen)
L	lolfa *(living room)* (lolvah)			mynd *(go)* (mind) ('i' as in 'fit')
LL	Llanelli *(Llanelli)* (llanehllee)			

RHAN UN: PART ONE
(Rhan een)

Sut ydych chi?
(Sit uhdich chee?)
(In North Wales)

 ⭐ *SAYING HELLO* ⭐

Shwd ych chi?
(Shood eech chee)
(In South Wales)

How are things! I'm Enid. I'm seventeen.

Helo! I'm Nel, I'm fifteen.

How are you? I'm Gwyn. I'm thirteen.

How are you? I'm Ann. I'm seven.

Wel, shwd
Well, shood
ych chi?
eech chee?
Mam ydw i.
Mam uhdoo ee.
Wi'n bedwar-deg!
Ween behdooar-dehg!

Well, how are you? I'm mam. I'm forty!

DY DRO DI!—IT'S YOUR TURN!
(Duh droh dee!)

Say 'hello' _____

Say 'how are you' _____

Say who you are _____

Say your age _____

NUMBERS (to help say your age)

1. un (een)	11. un deg un
2. dau (dahee)	12. un deg dau
3. tri (tree)	13. un deg tri
4. pedwar (pedooar)	14. un deg pedwar
5. pump (pimp)	15. un deg pump
6. chwech (choo-ech)	16. un deg chwech
7. saith (saheeth)	17. un deg saith
8. wyth (ooeeth)	18. un deg wyth
9. naw (naoo)	19. un deg naw
10. deg (deg)	20. dau ddeg

Yn y Bore—*In the Morning*
(Uhn uh bohreh)

Bore da!
Boreh dah!
(Good morning!)
Mae hi'n saith
Mah-ee heen saheeth
(it's seven)
o'r gloch.
ohr glohch.
(o'clock.)

Wi'n codi.
Ween kohdee.
(I'm getting up.)

Yn y Nos—*In the Night*
(Uhn uh nos)

Nos da!
Nohs da!
(Good night!)
Hwyl fawr!
Hooeel vahoor!
(Good bye!)

bore—*morning* / nos—*night* / da—*good* / i—*I* / chi—*you* / wi'n—*I am*

Wi'n—*I am* (used in South Wales)
Rwy'n—[Rooeen] (North Wales)
Rydw i'n—[Ruhdoo een] (written)
Dw i'n. . . [Dooeen] (North Wales)
They all mean the same—it doesn't
matter which you use—so you'll find
them all used in this book.

HOW TO SAY GOOD-BYE

HWYL FAWR (hooeel vahoor) ⎫
POB HWYL (pohb hooeel) ⎬ *good bye*
DA BOCH CHI (Dah boh chee) ⎭
NOS DA (nohs dah) —*good night*
BORE DA (boreh dah) —*good morning*

2 SGWRS (Sgoors)—*Conversation*

★Mrs Jones meets Mrs Puw. They
say hello, introduce themselves, and
for some odd reason say how old
they are, then say goodbye. Make up
this conversation.

ASKING WHO SOMEONE IS:

Pwy wyt ti? (Pooee ooet tee?)—
Who are you?
(if you know the person well)
Pwy ydych chi? (Poee uhdich chee)—
Who are you?
(if you don't know the person well)

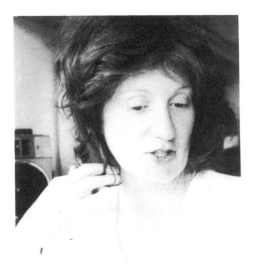

1 DYMA MRS JONES
(Duhmah Mrs Jones)
This is Mrs Jones
She's forty. She's introducing herself.
What does she say?

_____

_____

_____

INTRODUCING SOMEONE ELSE:
Dyma (Duhmah)—*This is*
e.g. Dyma Mrs Jones

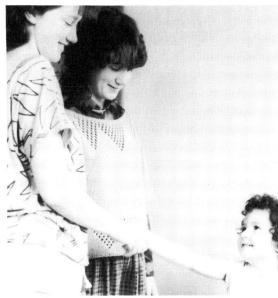

**Introduce these to someone else—
you've already met them.**

SAY WHAT YOU'RE DOING
Wi yn yr ysgol—*I'm at school*
(Ooee uhn uhr uhsgol)

SAY WHERE YOU LIVE
Wi'n byw yn Llanelli—*I live at*
(Ooeen bioo uhn Llanellee)   *Llanelli*
Wi'n byw yn Heol y Cwm—*I live in*
(Ooeen bioo uhn Hehol uh Koom)   *Valley Rd.*

ASK WHERE SOMEONE LIVES
Ble rwyt ti'n byw?—*Where do you*
(Bleh rooeet teen bioo)   *live?*
(if you know him/her well)

Ble rydych chi'n byw?—*Where do you*
(Bleh ruhdich cheen bioo?)—   *live?*
(if you don't know him/her well)

ASK WHAT HE/SHE'S DOING
Beth wyt ti'n 'neud?—*What do you*
         do?/What are you doing?
(Beth ooeet tee'n neheed?)
Beth ydych chi'n 'neud?—*What do you*
         do?/What are you doing?
(Beth uhdich cheen neheed?)

3 SGWRS

★Huw and Sian meet. They ask who
they are, and where they live and
what they do. They answer, of
course! Make up the conversation.

AND DON'T FORGET DAD!
Shwmae! Dad ydw i. Wi'n bedwar deg
tri! (43)
DYMA DAD *(This is Dad)*

RHAN DAU : PART TWO
(Rhan dahee)

SAY WHAT YOU'RE DOING

WI'N
Ooeen
OR
RYDW I'N
Ruhdoo een
I am...

YMOLCHI
Uhmolchee
WASHING

BWYTA
Booeetah
EATING

CYSGU
Kuhsgee
SLEEPING

CODI
Kohdee
GETTING UP

GWISGO
Gooisgoh
DRESSING

YFED
uhved
DRINKING

Yn y nos
Uhn uh nos
(In the night)

O diar!
Oh deeahr!
Gwaith cartre!
Gwaheeth kartreh!
Mae hi'n
Mah- ee heen
ddeg o'r gloch!
ddehg ohr gloch!

O Dear! Homework! It's ten o'clock

Yn y bore
Uhn uh bohreh
(In the morning)

Nefoedd! Mae hi'n
Nehvoydd! Mah-ee heen
wyth o'r gloch.
ooeeth ohr glohch.
Wi'n codi. Wi'n hwyr.
Ween kodee. Ween hooeer.

Heavens! It's eight o'clock! I'm getting up. I'm late.

O diar! Wi'n hwyr.
Oh deeahr! Ween hooeer.
Wi'n colli'r bws.
Ween kolleer boos.

Mae hi'n naw
Mah-ee heen nahoo
o'r gloch. Dyma'r
ohr glohch. Duhmahr
newyddion.
nehoouhddyon.

O dear! I'm late. I'm missing the bus. This is the news. It is nine o'clock.

1 Say what you do in the morning
e.g. Rydw i'n ymolchi OR Wi'n ymolchi

Say you get up _____
Say you wash _____
Say you dress _____
Say you eat _____
Say you drink _____

14

Amser Brecwast—*Breakfast Time*
(Ahmsehr brehk-ooast)

Wi'n gwrando
Ween goorahndoh
ar y radio. Wi'n
ar uh rahdyo. Ween
yfed coffi.
uhved koffee.

I listen to the radio. I drink coffee.

Wi'n darllen y
Ween dahrllen uh
papur. Wi'n bwyta
papir. Ween booeetah
Reis Crispis.
Rehees Krispeez.

I read the paper. I eat Rice Krispies.

Wi'n gwneud
Ween gwneyd
brecwast, a wi'n
brekooast, a ooeen
golchi'r llestri.
golcheer llehstree.

I make breakfast, and I wash the dishes.

coffi (koffee)	wy (oohee)
tost (tohst)	llaeth (llaheeth)
marmalêd (marmahlehd)	te (teh)

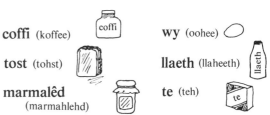

2 Beth ydych chi'n neud?
(Beth uhdich chee'n neheed?)

▷ *What do you do? /*
What are you doing?

Say what you do at breakfast time
e.g. Rydw i'n bwyta tost.
Say what you eat _____
Say what you drink _____
Say: I wash the dishes _____
Say: I make breakfast_____
Say: I read the paper _____
Say: I listen to the radio_____

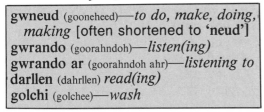

gwneud (gooneheed)—*to do, make, doing,*
   making [often shortened to 'neud']
gwrando (goorahndoh)—*listen(ing)*
gwrando ar (goorahndoh ahr)—*listening to*
darllen (dahrllen) *read(ing)*
golchi (golchee)—*wash*

15

These are the written forms: [The forms used in this book are mostly spoken, but they are quite similar, or shortened forms]

> **✱ Rydw i** —*I am* (Ruhdoo ee)
> **Rwyt ti** —*You are* (Rooeet tee)
> **Mae e** —*He/It is* (Mahee eh)
> **Mae hi** —*She/it is* (Mahee hee)
> **Rydyn ni**—*We are* (Ruhdin nee)
> **Rydych chi** —*You are* (Ruhdich chee)
> **Maen nhw** —*they are* (Maheen nhoo)

✱When adding 'verbs' (words saying what you do) to these, you link them by adding 'n': **Rydw i'n codi.**

3 Imagine you're each of these people, and say what you're doing or about to do—read, drink and eat:

I'm reading: _____

I'm eating: _____

I'm drinking: _____

Beth ydych chi'n neud?
What are you doing?

Similarly:

Beth ydw i'n neud?—*What am I doing?*

Beth wyt ti'n neud?—*What are you doing?*

Beth mae e'n neud?—*What is he/it doing?*

Beth mae hi'n neud?—*What is she/it doing?*

Beth ydyn ni'n neud?—*What are we doing?*

Beth ydych chi'n neud?—*What are you doing?*

Beth maen nhw'n neud?—*What are they doing?*

> **4 Now ask what each of these is doing**
> e.g. **Beth mae hi'n neud?** or **Beth mae Enid yn neud? and answer 'Mae hi'n. . .'**
> _____
> _____
> _____

Beth yw'r amser? — *What's the time?*
(Beth ioor ahmser)

Always use 'hi' for 'it' when saying the time (see in full, Part 6) or when talking about the weather (see in full Part 5).

> —Mae hi'n wyth o'r gloch
> —*It's eight o'clock*
> —Mae hi'n naw o'r gloch
> —*It's nine o'clock*

In North Wales (they have to be different!)—they use 'o' or 'fo' instead of 'e' or 'fe' (he, him). **Mae o** (Mah-ee oh)—*He is*

16

I FRECWAST—*for breakfast*
(ee vrekooahst)

ATEBWCH—*ANSWER*
(Ahtebooch)

5 Beth ydych chi'n bwyta i frecwast?
_____

6 Beth ydych chi'n yfed i frecwast?
_____

7 Beth ydych chi'n neud yn y bore?
*(get up)*_____
(wash) _____
(dress) _____
(eat breakfast) _____
(drink tea) _____
(read the paper) _____
(listen to the radio) _____

> **BRECWAST**—*breakfast* (brekooahst)
> **CINIO**—*lunch, dinner* (kinyo)
> **TE**—*tea* (teh)
> **SWPER**—*supper* (sooper)
>   i frecwast—*for breakfast*
>   i ginio—*for dinner*
>   i de—*for tea*
>   i swper—*for supper*

8 Say what these people are doing—e.g.

> Mae e'n. . .
> Mae hi'n. . .

darllen = *read*

golchi llestri = *wash the dishes*

cysgu = *sleep*

17

ASK WHAT SOMEONE WANTS OR LIKES

WYT TI'N?
(Ooeet Teen?)
Are you/Do you. . . ?

→ **moyn**—*want*
(moheen)

→ **hoffi**—*like*
(hohffee)

Na
= No

Ydw
(Uhdoo)
= Yes

Beth wyt ti'n
Beth ooeet teen
moyn i frecwast?
moheen ee vrekooahst?
Wyt ti'n moyn tost?
Ooeet teen moheen tohst?

Ydw, wi'n hoffi
Uhdoo ween hoffee
tost. Wi'n moyn
tohst. Ween moheen
wy wedi'i ferwi.
ooee ooedee vehrooee.

—*What do you want for breakfast?
Do you want toast?*
—*Yes, I like toast. I want a boiled egg.*

Beth wyt ti'n
Beth ooeet teen
moyn i yfed?
moheen ee uhved?
Wyt ti'n moyn
Ooeet teen moheen
pop?
pop?

Na, wi'n moyn
Nah, ween moheen
cael cwpaned o de.
kaheel koopanehd o deh.

—*What do you want to drink? Do you
want pop?*
—*No, I want to have a cup of tea.*

Na, dim diolch.
Nah, dim deeohlch.
Wi'n moyn pop.
Ween moheen pop.

Diolch yn fawr.
Deeohlch uhn vahoor.
Wyt ti'n moyn
Ooeet teen moheen
cwpaned hefyd?
Koopahnehd hevid?

—*Thank you very much. Do you want
a cup of tea as well?*
—*No thanks. I want pop.*

Wi'n moyn cael
Ween moheen kaheel
teisen i frecwast!
teeshehn ee vrekooahst!

—*I want to have a cake for breakfast!*

Wyt ti'n mynd
Ooeet teen mind
i'r dre yn y
eer dreh uhn uh
car?
kar?

Ydw, wi'n moyn
Uhdoo ween moheen
prynu cot newydd.
pruhnee kot nehooidd.

—*Are you going to town in the car?*
—*Yes, I want to buy a new coat.*

Wyt ti'n hoffi
Ooeet teen hoffee
gyrru car i'r dre?
guhree kar eer dreh?

Ydw, wrth gwrs.
Uhdoo, oorth goors.
Hwyl fawr!
Hooeel vahoor!

—*Do you like driving a car to town?*
—*Yes, of course. Goodbye!*

WYT TI	YDYCH CHI
= *DO YOU or ARE YOU when talking to a friend or a member of the family*	= *DO YOU/ARE YOU when talking to someone you don't know well, or to more than one person*

1 Beth ydych chi'n hoffi neud? *(What do you like doing?)*

nofio—*swimming;* darllen—*reading;* bwyta—*eating;* yfed—*drinking;* chwarae—*playing;* cysgu—*sleeping*

e.g. Rydw i'n hoffi nofio.

Say you like playing   _____

Say you like sleeping   _____

Say you like reading   _____

2 Beth ydych chi'n moyn yfed? *(What do you want to drink?)*

dŵr—*water;* pop—*pop;* llaeth—*milk;* te—*tea;* coffi—*coffee;* sudd oren—*orange juice*

e.g. Rydw i'n moyn yfed te.

Say you want to drink coffee   _____

Say you want to drink milk   _____

Say you want to drink water _____

Say you want to drink pop_____

Atebwch/*Answer* (Ydw/Na)

Ydych chi'n bwyta tost i frecwast?

Ydych chi'n hoffi yfed coffi?

Ydych chi'n moyn cot newydd?

Ydych chi'n moyn cwpaned o de?

Wyt ti'n moyn teisen i frecwast?

Wyt ti'n moyn pop i frecwast?

Wyt ti'n hoffi wy wedi'i ferwi?

19

HOW TO ANSWER 'YES' IN WELSH:

Questions:	Answer 'Yes'
ydych chi'n [are you]	ydw [yes, I am]
wyt ti'n [are you]	ydw [yes, I am]
ydy e'n [is he]	ydy [yes, he is]
ydy hi'n [is she]	ydy [yes, she is]
ydyn ni'n [are we]	ydyn [yes, we are]
ydyn nhw'n [are they]	ydyn [yes, they are]

HOW TO ANSWER 'NO' IN WELSH:

Answer 'No'

Na	Nag ydw	or	Nag'w
Na	Nag ydw		Nag'w
Na	Nag ydy	or	Nag yw
Na	Nag ydy		Nag yw
Na	Nag ydyn		
Na	Nag ydyn		

('Nag' is sometimes written 'nac')

WHAT DO YOU LIKE DOING?

Atebwch/Answer:

Ydych chi'n hoffi yfed coffi?
      bwyta teisen?
      yfed pop?
      gwrando ar y radio?
      mynd i'r dre?
      cysgu?

WHAT DO YOU WANT TO DO?

Atebwch/Answer:

Wyt ti'n moyn mynd i'r dre?
      moyn prynu cot newydd?
      moyn cael cwpaned o de?
      moyn cael wy i frecwast?
      moyn cael tost?
      moyn prynu car newydd?

ANOTHER WORD EASILY USED IS 'GALLU' —to be able to
(gallee)

— Rydw i'n gallu gyrru car—*I can drive a car.*
      nofio—*I can swim.*
      coginio—*I can cook.*
      teipio—*I can type.*
      reidio beic—*I can ride a bike.*

3 Atebwch/Answer:
Wyt ti'n gallu nofio?
      gyrru car?
      reidio beic?
      coginio?

THEN THERE'S THE REST OF THE FAMILY:

Ydy Mam yn gallu coginio?—Ydy.
Ydy'r plant yn gallu nofio?—Ydyn.
    (plant = *children*)
Ydy Dad yn hoffi cysgu?—Na.
Ydy Enid yn gallu gyrru?—Ydy.
Ydy Gwyn yn hoffi cysgu?—Ydy.

---

4 SGWRS/CONVERSATION

Enid and Nel get up in the morning. They ask what they want to eat and drink for breakfast, then if they want to go to town to buy a new coat. Make up the conversation.

5 ASK—
Do you like buying cassettes (casetiau)?
Do you like buying records (recordiau)?
Do you like listening to records?
Do you like listening to the radio?
And Answer—
YES or NO

NAMES AND NUMBERS

When you count things, there's no need to change the name by adding an 's' as you do in English—

un wy = *one egg*
dau wy = *2 eggs*
tri wy = *3 eggs*
pedwar wy = *4 eggs*

etc.

BUT! The first letter changes sometimes—

un car—*one car*
dau gar—*2 cars*
tri char—*3 cars*
pum car—*5 car*
chwe char—*6 cars*

> NOTE how 5 is now 'pum' and 6 is now 'chwe'

—full rules in Part 11—but it doesn't matter much if you forget them all!

ALSO! Some words are called feminine words, and when counting these, 'dau', 'tri' and 'pedwar', change to 'dwy', 'tair' and 'pedair'—

dwy het—*two hats*
tair het—*three hats*
pedair het—*four hats*

therefore—

DAU and DWY = 2
TRI and TAIR = 3
PEDWAR and PEDAIR = 4

SAY WHAT YOU DON'T LIKE/WANT

> DYDW I DDIM...
> or
> DW I DDIM...
> *I don't...*

Dw i ddim yn hoffi... *I don't like...*
Dw i ddim yn moyn... *I don't want...*

Bore da! Mae
Boreh dah! Mahee
brecwast yn
brekoohast uhn
barod!
bahrod!

Dw i ddim yn
Doo ee ddim uhn
moyn codi! Dw i
moheen kodee! Doo ee
ddim yn moyn brecwast.
ddim yn moheen brekooahst.

— *Good morning! Breakfast is ready!*
— *I don't want to get up! I don't want breakfast.*

Wyt ti'n moyn
Ooeet teen moheen
siwgr?
shoogr?

Na, dim diolch.
Nah, dim deeohlch.
Dw i ddim yn
Doo ee ddim uhn
hoffi siwgr.
hoffee shoogr.

— *Do you want sugar?*
— *No thanks. I don't like sugar.*

Wyt ti'n moyn
Ooeet teen moheen
te neu goffi?
teh nehee goffee?

Dw i ddim yn
Doo ee ddim uhn
hoffi te, a dw i
hoffee teh, ah doo ee
ddim yn hoffi
ddim uhn hoffee
coffi.
koffee.

— *Do you want tea or coffee?*
— *I don't like tea, and I don't like coffee.*

Wel, wyt ti'n
Wel, ooeet teen
moyn tost a
moheen tohst a
mêl?
mêhl?

Na, dw i ddim
Na, doo ee ddim
yn hoffi mêl!
uhn hoffee mêhl!

— *Well, do you want toast and honey?*
— *No, I don't like honey.*

> A dw i ddim
> *Ah doo ee ddim*
> **yn hoffi Weetabix.**
> *uhn hoffee Weetabix.*

> O wel, dw i ddim yn
> *O wel, doo ee ddim uhn*
> **gwneud brecwast**
> *gwneheed brekooahst*
> **heddiw!**
> *heddee!*

— *and I don't like Weetabix.*
— *O well, I'm not making breakfast today.*

SAY THAT YOU WANT TO DO SOMETHING

e.g. Rydw i'n moyn bwyta

cysgu	codi	yfed	bwyta	gwisgo
(sleep)	*(get up)*	*(drink)*	*(eat)*	*(dress)*

NOW SAY YOU DON'T WANT TO DO IT

e.g. Dydw i ddim yn moyn gwisgo

Ar Y Teledu *(On T.V.)*
(ahr uh telehdee)

SAY WHAT YOU WANT TO SEE ON T.V.

e.g. RYDW I'N MOYN GWELD 'SGORIO'
   (I want to see...')

AND SAY WHAT YOU LIKE SEEING—

e.g. RYDW I'N HOFFI GWELD FFILM
   (1 like to see a film)

NOW SAY WHAT YOU DON'T LIKE

e.g. DYDW I DDIM YN HOFFI
   GWELD '_____'
   (I don't like to see '_____')

> 'Dydw' is used in North Wales, 'Dw'i'
> in South Wales.

2 SAY WHICH OF THESE YOU LIKE

e.g. Rydw i'n hoffi mêl

mêl marmaled SIWGR

tost pop te coffi

llaeth afalau *(apples)* orennau *(oranges)*

NOW SAY WHICH OF THESE YOU DON'T LIKE—

e.g. Dydw i ddim yn hoffi llaeth

> Wi'n moyn gweld
> *Ween moheen gooehld*
> **ffilm.**
> *film.*

> Dw i ddim yn
> *Doo ee ddim uhn*
> **hoffi gweld ffilm.**
> *hoffee gooehld film.*

— *I want to see a film*
— *I don't like seeing a film*

DYDW I DDIM will also be heard as 'WI DDIM' or 'DWY' DDIM'—They all mean the same—*I don't.*

These variations also occur—you can use them in your part of Wales.

TYDW I DDIM (tuhdoo ee ddim) — North Wales

SMO FI (smoh vee) — South West Wales

But they should all be understood everywhere.

In full—you'll find these in Parts 8 and 9:

The Written Form

Dydw i ddim (Duhdoo ee ddim)—*I don't*
Dwyt ti ddim (Dooeet tee ddim)—*You don't*
Dydy e ddim (Duhdee eh ddim)—*He/it doesn't*
Dydy hi ddim (Duhdee hee ddim)—*She/it doesn't*
Dydyn ni ddim ((Duhdin nee ddim)—*We don't*
Dydych chi ddim (Duhdich chee ddim)—*You don't*
Dydyn nhw ddim (Duhdin nhoo ddim)—*They don't*
Dydy mam ddim (Duhdee mam ddim)—*Mam doesn't*

The Spoken Form

Dw i ddim (doo ee ddim)
Dwyt ti ddim (dooeet tee ddim)
Dyw e ddim (dioo eh ddim)
Dyw hi ddim (dioo hee ddim)
Dyn ni ddim (deen nee ddim)
Dych chi ddim (deen nhoo ddim)
Dyn nhw ddim (deen nhoo ddim)
Dyw mam ddim (dioo mam ddim)

MAE BRECWAST YN BAROD!

3 Give possible answers to Mam's questions:

Wyt ti'n dod i gael brecwast?

Wyt ti'n moyn codi?

Wyt ti'n moyn dod i'r dre?

Wel beth wyt ti'n moyn 'neud?

Wyt ti'n moyn cwpaned o de yn y gwely? *(in bed)*

YN Y TŶ
(uhn uh tee)
In the house

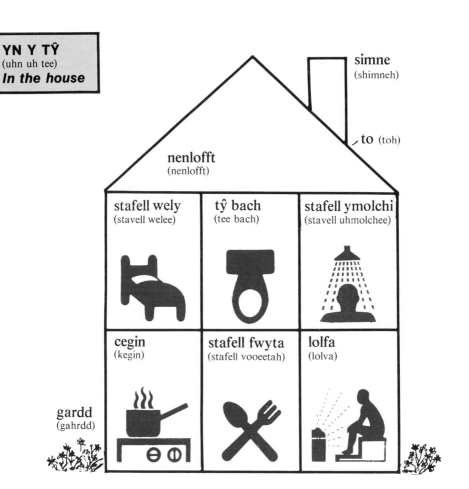

nenlofft—*attic*
simne—*chimney*
to—*roof*
tŷ bach—*toilet*
stafell ymolchi—*bathroom*
stafell wely—*bedroom*

stafell fwyta—*dining room*
cegin—*kitchen*
lolfa—*lounge*
[also called **parlwr**—*parlour*,
   or **stafell fyw**—*living room*]
gardd—*garden*

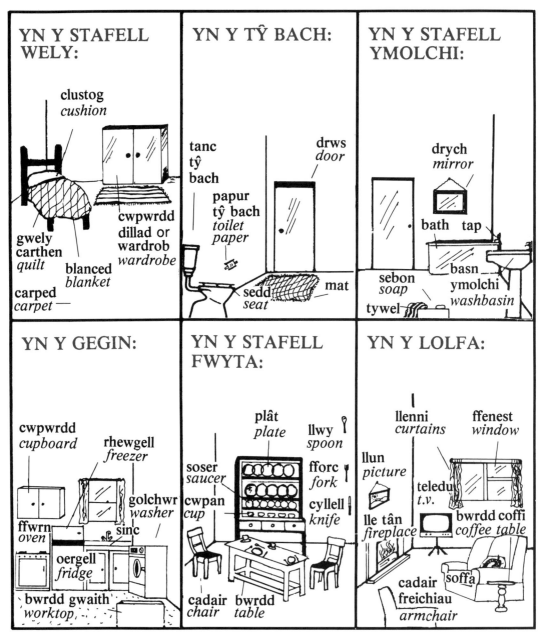

YN Y STAFELL WELY:

clustog
cushion

cwpwrdd dillad or wardrob
wardrobe

gwely
bed

carthen
quilt

blanced
blanket

carped
carpet

YN Y TŶ BACH:

tanc tŷ bach

papur tŷ bach
toilet paper

drws
door

sedd
seat

mat

YN Y STAFELL YMOLCHI:

drych
mirror

bath   tap

sebon
soap

tywel

basn ymolchi
washbasin

YN Y GEGIN:

cwpwrdd
cupboard

rhewgell
freezer

golchwr
washer

ffwrn
oven

sinc

oergell
fridge

bwrdd gwaith
worktop

YN Y STAFELL FWYTA:

plât
plate

llwy
spoon

soser
saucer

fforc
fork

cwpan
cup

cyllell
knife

cadair
chair

bwrdd
table

YN Y LOLFA:

llenni
curtains

ffenest
window

llun
picture

teledu
t.v.

lle tân
fireplace

bwrdd coffi
coffee table

cadair freichiau
armchair

soffa

Edrych ar y teledu—*Looking at television*
(Edrich ar uh telehdee)

4 ATEBWCH:

Ydych chi'n hoffi edrych ar y teledu?

Ydych chi'n hoffi edrych ar ffilmiau?

Ydych chi'n hoffi edrych ar rygbi?
(rugby)

Ydych chi'n hoffi 'sebon'? *(soap)*

Ydych chi'n hoffi cartwnau?
(cartoons)

Beth ydych chi'n hoffi ar y teledu?

Which of these do you like doing—and which don't you like?—Say it in Welsh!
[Wi'n hoffi. . . or Dw i ddim yn hoffi. . .]

darllen
y papur

edrych ar y
teledu

gwrando ar
y radio

gwrando ar
recordiau

chwarae
hoci

mynd i'r
gwely

mynd i'r
sinema

bwyta
orennau

RHAN PUMP: PART FIVE
(Rhan pimp)
SAY WHAT'S HAPPENING

MAE *mahee* = is/are

'MAE' ALWAYS COMES FIRST IN THE SENTENCE!

rhywun—*someone*
dwyn—*steal*
ceir—*cars*

papur—*paper*
gwobr—*prize, reward*
ennill—*win*

Mae e...
= he is...
(or *it is*)

Mae hi...
= she is
(or *it is*)

Mae rhywun...
Someone is

Mae rhywun yn
Mahee rhiooin uhn
dwyn ceir, ac
dooeen keheer, ak
mae'r papur yn
maheer pahpir uhn
rhoi gwobr.
rhoy goo-obr.

Hei—wi'n
Hey—ween
moyn mynd
moheen mind
i nofio.
ee nohvyo.

—*Someone is stealing cars, and the paper is giving a reward.*
—*Hey. I want to go swimming.*

Mae'r môr
Maheer môr
yn neis!
uhn nehees!

Mae e'n oer!
Mahee ehn oyr!

—*The sea is nice.*
—*It's cold.*

Mae hi'n dwym
Mahee heen dooeem
ar y traeth.
ahr uh traheeth.

Mae hi'n braf
Mahee heen brahv
heddiw.
hehddee.

—*It's warm on the beach.*
—*It's fine today.*

Mae'r siop yn
Maheer shop uhn
gwerthu
gooehrthee
hufen iâ.
heevehn yâh.

Wi'n moyn lolipop.
Ooeen moheen lolypop.

—*The shop sells ice cream.*
—*I want a lollypop.*

—Hey. Someone is stealing a car!
—He's stealing the Ford car.

—He's stealing the car now! I'm taking a picture.

—Enid gives the film to the paper. She's going to win a prize.

There is no word in Welsh for 'a'—
car = car
the car = y car
(or 'r car)

Mae hi'n braf—*It's fine*

Mae hi'n dwym—*It's warm*
Mae hi'n oer—*It's cold*

Mae hi'n bwrw glaw—*It's raining*

Mae hi'n wlyb—*It's wet*

1 SAY THAT SOMEONE IS DOING SOMETHING—
e.g. Mae rhywun yn bwyta
    (Someone is eating)
Someone is drinking _____
Someone is swimming _____
Someone is going (mynd)_____
Someone is coming (dod)_____
Someone is winning (ennill)_____
Someone is selling (gwerthu)_____

Y Tywydd—*The Weather*
(uh tuhoo-idd)

Mae hi'n. . .
(Mahee heen. . .)
It is. . .

→ oer—*cold*
(oheer) or (ohr)

→ dwym—*warm*
(dooeem)

↙ wlyb—*wet*
(leeb)

↓ boeth—*hot*
(boyth) or (both)

↗ sych—*dry*
(seech)

Mae hi'n. . .
It is. . .

↗ bwrw glaw
(booroo glahoo)
raining

↗ bwrw eira
(booroo eheerah)
snowing

↙ braf
(brahv)
fine

↓ heulog
(heheelog)
sunny

↘ bwrw cesair
(booroo kesehr)
hailing

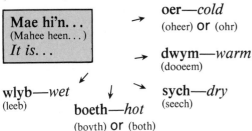

NEVER REPEAT THIS IN SCHOOL:
Mae hi'n piso glaw
(Mahee heen pisho glahoo)
It's raining heavily

2 MEWN SGWRS:
In a conversation:

'Mae hi'n braf heddiw'
(It's fine today)
'Ydy, mae hi'n braf iawn'
(Yes, it's very fine)

ATEBWCH:
(Answer in the same way):
'Mae hi'n oer heddiw'

_____

'Mae hi'n dwym heddiw'

_____

'Mae hi'n heulog heddiw'

_____

'Mae hi'n niwlog heddiw'

_____

'Mae hi'n gymylog heddiw'

_____

OTHERS
Mae hi'n niwlog—*it's foggy*
(nioolog)

Mae hi'n wyntog—*it's windy*
(oointog)

Mae hi'n gymylog—*it's cloudy*
(gyhmulhog)

3 ASK WHAT THE WEATHER'S LIKE
Ydy hi'n braf heddiw?
(Uhdee heen brahv heddee? or heddioo)
Is it fine today?

DY DRO DI—*YOUR TURN*
Ask if it's =

☀ Ydy hi'n braf heddiw ?

_____ ?

_____ ?

_____ ?

_____ ?

_____ ?

_____ ?

NOW ANSWER *'YES'* **OR** *'NO'*
—'YDY' OR 'NA'

30

What's The Weather Like?
Sut Mae'r Tywydd?
(Sit mahee'r tuhooidd)

ATEBWCH!
Answer these questions on the picture:

Ydy hi'n braf? Ydy mae hi.
Ydy hi'n heulog?_____
Ydy hi'n dwym?_____
Ydy hi'n boeth? _____

---

4 SAY IT'S TOO HOT...
TOO = **RHY** (rhee)...
Mae hi'n rhy boeth   —*It's too hot*

_____ —*It's too cold*

_____ —*It's too wet*

_____ —*It's too foggy*

_____ —*It's too cloudy*

_____ —*It's too fine*

ATEBWCH (Ydy = *Yes* / Na = *No)*
Ydy hi'n oer heddiw?

_____

Ydy hi'n bwrw glaw heddiw?

_____

Ydy hi'n braf iawn heddiw?

_____

Ydy hi'n rhy boeth heddiw?

_____

Ydy hi'n sych heddiw?

_____

5 SAY IT'S NOT COLD...
Dyw hi ddim yn oer
(Dioo hee ddim uhn oheer)
It's not hot—Dyw hi ddim yn boeth
It's not wet _____
It's not warm _____
It's not cloudy _____
It's not fine _____
It's not raining _____
It's not snowing _____
It's not raining heavily _____
[Polite form = dyw hi ddim yn bwrw
glaw yn drwm!]

Instead of '**dyw hi**' you could also
hear '**dydy hi**' (duhdee hee)

Instead of 'Mahee hee' for **Mae hi** you
could also hear 'Mah hee'

31

ASKING IF YOU HAVE SOMETHING

OES	⤴ *Is there...?*
(Oys)	→ *Are there...?*

OES = *YES*
(NA = *NO*
(or NAG OES)

DOES DIM	→ *There's no... / There are no...*
(doys dim)	→ *There isn't any... / There aren't any...*

Does dim bwyd
Doys dim booeed
yn y tŷ. Dw i ddim
yn y tee. Doo ee ddim
yn hoffi siopa.
uhn hoffee shopa.

Wi'n hoffi
Ween hoffee
siopa.
shopa.

—*There's no food in the house. I don't like shopping.*
—*I like shopping.*

Oes jam gyda
Oys jam guhda
ni yn y tŷ?
nee uhn uh tee?

Oes, ond does
Oys, ond doys
dim mêl gyda
dim mêhl guhda
ni.
nee.

—*Have we got jam in the house?*
—*Yes, but we have no honey.*

Oes caws Caerffili
Oys kahoos kaheerffilee
yn y siop?
uhn uh shop?

Oes, ac mae caws
Oys, ak mahee kahoos
Edam yn y siop.
Ehdam uhn uh shop.

—*Is there Caerphilly cheese in the shop?*
—*Yes, and there is Edam cheese in the shop.*

Oes salmonela
Oys salmonela
yn yr wyau?
uhn uhr ooeeheh?

Na, does dim
Nah, doys dim
gobeithio.
gobeheethyo.

—*Is there salmonella in the eggs?*
—*No, there isn't, I hope.*

—Is there toilet paper in the house?
—No, we haven't got toilet paper.

—Have we got fruit tins?
—No, and we haven't got baked beans.

—O dear. I haven't got any money!
Have you got money?
—Yes, I have twenty pounds.

—£19.99p please.
—Gee! The food is expensive.

MAE—GYDA
or
MAE—'DA

fi - *I have—*
ti - *you have—*
fe - *he has—*
hi - *she has—*
ni - *we have—*
chi - *you have—*
nhw - *they have—*

e.g. **Mae arian 'da fi—**
I have money

> *HAVE YOU GOT* _____ ?
> **OES** _____ **'da ti?**
> e g **Oes arian 'da ti?**
> *Have you got money?*

ASK IF YOU HAVE THESE:

e.g. **Oes tatws gyda ni?**
Have we got potatoes?

Yes = Oes   No = Na

tatws (tatoos) *(potatoes)*　**bara** (barah) *(bread)*　**menyn** (menin) *(butter)*　**siwgr** (shoogoor) *(sugar)*　**wyau** (ooee-eh) *(eggs)*　**afalau** (avaleh) *(apples)*　**orennau** (orehneh) *(oranges)*　**mêl** (mehl) *(honey)*

te (teh) *(tea)*　**coffi** (Koffee) *(coffee)*　**jam** (jam) *(jam)*　**tomatos** (tomahtos) *(tomatoes)*　**llaeth** (llah-eeth) *(milk)*　**caws** (kahoos) *(cheese)*　**pysgod** (puhsgod) *(fish)*　**cig** (keeg) *(meat)*　**pop** (pop) *(pop)*　**bisgedi** (bisgehdee) *(biscuits)*

bresych (brehsich) *(cabbage)*　**pys** (pees) *(peas)*　**cig moch** (keeg moch) *(bacon)*　**hufen iâ** (heevehn-yah) *(ice cream)*　**creision** (kreyshon) *(crisps)*　**cawl** (kahool) *(soup)*　**moron** (mohron) *(carrots)*　**letys** (letis) *(lettuce)*　**teisen** (teeshehn) *(cake)*

MAKE A SHOPPING LIST OF ITEMS YOU NEED

(rhestr siopa—
shopping list)

RHESTR SIOPA

ASK IF SHE HAS ANY CHEESE, MEAT, FISH AND EGGS.
e.g. **Oes llaeth gyda ti?**

– – – – – – – – – – – –

– – – – – – – – – – – –

– – – – – – – – – – – –

– – – – – – – – – – – –

SAY THAT YOU HAVEN'T GOT CHEESE, MEAT, FISH AND EGGS.
e.g. **Does dim llaeth gyda fi.**

– – – – – – – – – – – –

– – – – – – – – – – – –

– – – – – – – – – – – –

– – – – – – – – – – – –

SAY HOW MUCH YOU HAVE

Mae... → llawer ← *I have*
(llahoo-ehr) *a lot*
a lot

tipyn bach gormod digon ← *I have*
(tipin bach) (gormod) (deegon) *enough*
a little *too much* *enough*

—*I have* —*I have* gyda fi
a little *too much* (guhdah vee)

spoken as
'da fi (dah vee)

I have too much—Mae gormod gyda fi

1 Dywedwch (Say)

I have a little _____
I have enough _____
I have a lot _____

Atebwch *(Answer)*

Oes digon o datws 'da Mam? _____
Oes digon o fwyd 'da Nel? _____
Oes llawer o fwyd ar y bwrdd? _____
(on the table)

MAE... GYDA FI = *I have...*
or MAE 'DA FI (spoken form)

> llawer o... *a lot of...*
> digon o... *enough (of)...*
> gormod o... *too much (of)...*
> tipyn bach o... *a little (of)...*

2 ASK IF THEY HAVE ENOUGH FOOD

Oes digon o fwyd 'da chi?
(Ohees deegon o vooeed 'dah chee?)
Have you got enough food?

Now ask about these foods

e.g. 'datws' *(potatoes)*—Oes digon o
datws 'da chi?
meat (gig) _____
peas (bys) _____
gravy (grefi)_____
ANSWERS: *YES* = OES
NO = NA or NAG OES

◀ 3 SGWRS

Mam and Nel are having dinner. Nel
asks Mam if she has enough
potatoes and peas. Mam answers
that she has too much, but that she
wants a little meat. Make up a suit-
able conversation.

NOTE:
cig = *meat* } but these words
tatws = *potatoes* } change a little after
bwyd = *food* } 'o' → gig, datws, fwyd.

DON'T WORRY ABOUT THESE
CHANGES. JUST USE THEM WHEN
YOU SEE THEM USED HERE. EVEN
IF YOU DON'T USE THEM, YOU'LL
BE UNDERSTOOD.

BLE MAE _____ ?
(Bleh mahee)
Where is _____ ?

Ar y chwith
(Ahr uh chooeeth)
On the left

Ar y dde
(Ahr uh ddeh)
On the right

Yn syth ymlaen
(Uhn seeth uhmlaheen)
Straight on

EWCH!
Ehooch—go!

i'r chwith — *to the left*
eer chooeeth

i'r dde — *to the right*
eer ddeh

Esgusodwch fi,
Ehsgisodooch vee,
Ble mae'r arosfan?
Bleh maheer ahrosvan?

Ewch i'r chwith,
Eooch eer chooeeth,
wedyn ewch yn
ooehdin ehooch uhn
syth ymlaen.
seeth uhmlaheen.

—*Excuse me, where's the bus-stop?*
—*Go to the left, then go straight on.*

Na, ewch i'r
Nah, ehooch eer
dde, wedyn
ddeh, ooehdin
ewch i'r chwith.
ehooch eer chooeeth.

—*No! Go to the right, then go to the left.*

Dyma'r arosfan.
Duhmah'r ahrosvan.
Pryd mae'r bws
Preed maheer boos
yn mynd?
uhn mind?

Mae e'n mynd
Mahee ehn mind
am naw o'r gloch.
ahm naoo ohr glohch.

—*This is the bus-stop. When does the bus go?*
—*It goes at 9 o'clock.*

O daro, does dim
Oh dahroh, doys dim
bws yn dod!
boos uhn dod!

O, wel
Oh, well
Rydyn ni'n
Ruhdin neen
gallu cerdded.
gallee kehrddehd.

—*O dear, there's no bus coming.*
—*O well, we can walk.*

NOW YOU TRY.......

SAY YOU GO TO THE LEFT, THEN GO STRAIGHT ON.

_____
_____
_____
_____

SAY EXCUSE ME, AND ASK WHERE THE CAFE IS.

_____
_____
_____
_____

yn y **caffe**—*in the café*
yn y **dre**—*in the town*
yn y **ganolfan chwaraeon**—*in the sports centre*
yn y **theatr**—*in the theatre*
yn y **sinema**—*in the cinema*

Ble mae'r sioe
Bleh maheer shohee
ffasiynau?
ffashuhneh?

Yn y ganolfan
Uhn uh ganolvan
chwaraeon.
chooahraheeon.

—*Where's the fashion show?*
—*In the sports centre*

Ble mae'r ddrama?
Bleh maheer ddramah?

Yn y theatr,
Uhn uh thehatr,
wrth gwrs!
oorth goors!

tŵr—*tower*
capel—*chapel*
ffatri—*factory*
heol—*road*
stryd—*street*

simne—*chimney*
tŷ—*house*
ceir—*cars*
garej—*garage*
modurdy—*garage*

Edrychwch A Dysgwch: *Look And Learn*

Many signs in Wales are in Welsh and English. Here are some of them. Every time you see signs like these, make a note of them, and learn!

ladies
merched →
gentlemen
dynion ↗
buffet ↗
lle bwyta →

DIM PARCIO
NO PARKING

Neuadd-y-dref
Town Hall

Canolfan Cynghori
Citizens' Advice Bureau

IR TRAETH
to the BEACH

Llun-Sad
8 am-6 pm
Cyfyngu aros
i 1 awr
Gwahardd dychwelyd
cyn pen 1 awr

Mon-Sat
8 am-6 pm
Waiting Limited
to 1 hour
Return Prohibited
within 1 hour

parcels
parseli
left luggage
bagiau

SWYDDFA'R POST

POST OFFICE

City of Swansea
MAGISTRATES COURTS
LLYSOEDD YR YNADON

Public footpath

Llwybr
Cyhoeddus

station inspector
arolygydd

BANC BARCLAYS CYFYNGEDIG

*Barclays Bank Limited
Morriston Branch*

38

When two words are put together *'of'* is understood: canol y dref: *the middle of the town*

YN Y DREF
(Uhn uh drev)
In town

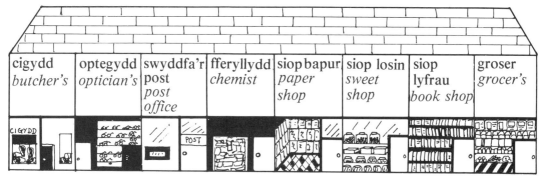

| cigydd *butcher's* | optegydd *optician's* | swyddfa'r post *post office* | fferyllydd *chemist* | siop bapur *paper shop* | siop losin *sweet shop* | siop lyfrau *book shop* | groser *grocer's* |

SIOPAU—*shops*
(shope)

archfarchnad— *supermarket*

y farchnad— *the market*

neuadd y dref— *town hall*

swyddfa'r heddlu— *police station*

modurdy/garej— *garage*

caffe— *café*

bwyty— *restaurant*

Ble mae e?—*Where is it?*

wrth = *by*
(oorth)

ar = *on*
(ahr)

yn = *in*
(ahn)

Mae hi = *It is*
(Mahee hee) (with feminine words)
Maen nhw = *they are*
(Maheen noo)

1 ATEBWCH
Ble mae'r optegydd?
Mae e wrth y sgwâr
Ble mae'r fferyllydd?

—————————————————

Ble mae'r goleuadau traffig?
Maen nhw...

—————————————————

Ble mae'r car?

—————————————————

Ble mae'r fan laeth?
(milk van)

Mae hi...

—————————————————

Test yourself by hiding the Welsh or English side

Rydw i'n byw = *I live*

Say where you live
e.g.

Rydw i'n byw yn y dre.
Rydw i'n byw wrth
   y ffatri.
Rydw i'n byw wrth
   y banc.

_____

_____

_____

_____

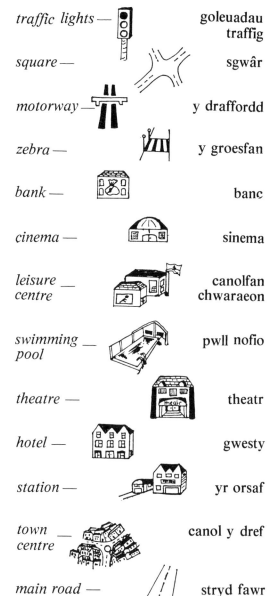

traffic lights —		goleuadau traffig
square —		sgwâr
motorway —		y drafordd
zebra —		y groesfan
bank —		banc
cinema —		sinema
leisure centre		canolfan chwaraeon
swimming pool —		pwll nofio
theatre —		theatr
hotel —		gwesty
station —		yr orsaf
town centre —		canol y dref
main road —		stryd fawr

YDY'R... (Uhdeer)?
= *IS THE...?*

YDY = *YES*
Uhdee

NA = *NO*
(Nah)

DYW'R... DDIM = ... *ISN'T/AREN'T*
(Dioor... Ddim)

Esgusodwch fi. Dyw
Ehsgisodooch vee. Dioo
Fflopsi ddim yn
Fflopsee ddim uhn
yr ardd.
uhr ardd.

Helo, Mrs Jones. Fflopsi?
Hello, Mrs Jones. Fflopsee?
Y gwningen? Ble mae hi?
Uh gooningehn? Bleh mahee hee?

—*Excuse me. Fflopsi isn't in the garden.*
—*Hello, Mrs Jones. Fflopsi? The rabbit? Where is she?*

Ydy hi yn y cwt?
Uhdee hee uhn uh koot?

Na, dyw'r gwningen
Nah, dioor gooningehn
ddim yn y cwt.
ddim uhn uh koot.

—*Is she in the hut?*
—*No, the rabbit isn't in the hut.*

A dyw hi ddim
Ah dioo hee ddim
gyda'r blodau.
guhdar blodeh.

Ydy hi yn y sied?
Udee hee uhn uh shed?

—*And she isn't with the flowers.*
—*Is she in the shed?*

Fflopsi! Ble rwyt ti?
Fflopsee! Bleh rooeet tee?
Na, dyw hi ddim yn
Nah, dioo hee ddim uhn
y sied!
uh shed!

—*Fflopsy! Where are you? No, she isn't in the shed.*

—Hey! Quick! She's in the pipe!
—Catch her, quick.

—Ha ha! She's in the hut now, and she can't come out.

---

1 Dy dro di!—Your turn! e.g. *Is she in the garden?*—Ydy hi yn yr ardd?
(Duh dro dee)

1 Ask if she's in the garden_____

2 Ask if she's in the hut _____

3 Ask if she's in the shed_____

2 SAY SHE ISN'T THERE
e.g. Dyw hi ddim yn yr ardd
—ANSWER Nos 1-3:

_____
_____
_____

3 SAY SHE IS THERE
Answer Nos 1-3: e.g. Mae hi yn yr ardd

_____
_____
_____

Chwilio am rywbeth—*Looking for something*
(chooilyo am rioobeth)

4 ATEBWCH

Ble mae'r llyfr? [Bleh mah-eer lluhvir]
Ydy e ar y llawr *(on the floor)*
(answer No)

_____

Ydy e ar y chwaraewr recordiau?
(record player)
(answer No)

_____

Ydy e wrth y jwg *(jug)?*
(answer No)

_____

Ydy e dan y bwrdd?
(answer No)

_____

Ydy e ar y silff?
(answer Yes)

_____

dan = under
(dan)

silff = shelf

record = record

> WHEN YOU ANSWER INSTEAD OF REPEATING 'AR Y LLAWR' OR 'DAN Y BWRDD', YOU CAN USE 'FANNA'—*THERE:* "DYW E DDIM FANNA"—*IT'S NOT THERE*

5 Dy dro di (Your turn)

ASK WHERE THE RECORD IS:
BLE MAE'R RECORD?

e.g. **ask if its on the shelf**—ydy hi ar y silff?

Is it by the jug?

_____

Is it on the floor? _____
Is it by the books? (llyfrau)

_____

Is it on the record player?

_____

Ble mae'r llyfr gwaith cartref? *(Where's the home-work book?)* **Ask similar questions on this picture**

44

PWY SY'N DOD? ▶ *Who's coming?*
(Pooee Seen Dohd)

CWESTIWN: Pwy sy'n dod?
ATEB: Mr Jones [sy'n dod]
CWESTIWN: Pwy sy wrth y drws?
ATEB: Sian [sy wrth y drws]

← Ask who's by the door, and answer it's Ann.

→ As who is by the table and say it's Ann

BETH SY'N DOD? ▶ *What's coming?*
(Beth seen dohd)

CWESTIWN: Beth sy'n dod?
ATEB: Car [sy'n dod]
CWESTIWN: Beth sy ar y teledu? *(on TV)*
ATEB: Superted [sy ar y teledu]

6 HELP! RYDW I'N CHWILIO AM SGERT ANN. BLE MAE HI? YDYCH CHI'N GALLU HELPU?
Ask questions and answer them

WORDS MAY YOU NEED ↗

cwpwrdd
(koopoordd)
—*cupboard*
drôr
(drohr)
—*drawer*
silff ffenest
(silff ffenest)
—*window sill*
pram
(pram)
—*pram*
wal
(wahl)
—*wall*
carped
(karpehd)
—*carpet*

BETH SY AR Y BWRDD?

WORDS YOU MAY NEED
↖
tebot (tehbot)—*teapot*
potel (pohtehl)—*bottle*
bara (barah)—*bread*
cwpan (koopan)—*cup*
mêl (mehl)—*honey*
cyllell (kuhllell)—*knife*
llaeth (llahth)—*milk*
[in North Wales:
llefrith (llevrith)—*milk]*
jam (jam)—*jam*

45

RYDYN NI'N DOD = *WE ARE COMING*
Ruhdin neen dod
DYDYN NI DDIM YN DOD—*WE'RE NOT COMING*
Duhdin nee ddim uhn dod

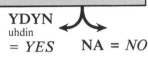

YDYCH CHI'N...?
Uhdich cheen
ARE YOU?

YDYN
uhdin
= YES   NA = *NO*

Ydych chi'n dod
Udich cheen dod
i Ffrainc eleni?
ee Ffraheenk elehnee?

Ydyn, wrth gwrs! Rydyn
Udin, oorth goors! Ruhdin
ni'n moyn gwyliau yn yr haul.
neen moyn gooeelee-eh uhn uhr haeel.

Hei, ydych chi'n
Hey, uhdich cheen
moyn mynd i Sbaen?
moyn mind ee Sbaheen?

Na, mae hi'n boeth
Nah, mahee heen boheeth
iawn yn Sbaen.
eeahoon uhn Sbaheen.

—*Are you coming to France this year?*
—*Yes of course. We want holidays in the sun.*

—*Hey, do you want to come to Spain?*
—*No, it's very hot in Spain.*

Ydych chi'n moyn
Uhdich cheen moyn
mynd mewn llong
mind mehoon llong
neu mewn awyren?
nehee mehoon aoouhren?

Dydyn ni ddim yn
Duhdin nee ddim uhn
moyn hedfan.
moyn hedvan.

Oes arian gyda
Oys areeahn guhda
mam yn y banc?
mam uhn uh bank?

Daro! Does dim arian
Dahro! Doys dim areeahn
gyda hi.
guhda hee.

—*Do you want to go in a ship or in an aeroplane?*
—*We don't want to fly.*

—*Has Mam got money in the bank.*
—*Damn! She hasn't got any money.*

O wel, rydyn ni'n
O wel, ruhdin neen
gallu dod i Langland
gallee dod ee Langland
bob dydd.
bob deedd.

Mae hi'n braf
Mahee heen brav
yma weithiau.
uhma weheethee-eh.

—*O well, we can come to Langland every day.*
—*It's fine here—sometimes.*

1 Ask 'DO YOU WANT TO GO...'—
e.e. ydych chi'n moyn mynd...?
I'R SINEMA
(to the cinema) _____?
I'R THEATR _____?
I'R DISGO _____?
I'R DDAWNS
(dance) _____?
I'R GÊM
(game) _____?

Gwledydd—*Countries*
Ffrainc (Ffraheenk)—*France*
yr Almaen (uhr Almaheen)—*Germany*
y Swistir (uh Sooistir)—*Switzerland*
Sbaen (Sbaheen)—*Spain*
yr Eidal (uhr Eheedal)—*Italy*
Iwerddon (Iooehrddon)—*Ireland*
yr Alban (uhr Alban)—*Scotland*
Lloegr (Lloyger)—*England*

SAY HOW YOU WOULD LIKE TO TRAVEL TO SPAIN—
Ydych chi'n moyn mynd mewn
mewn *(do you want to go in a)*
× trên   × car
× llong   × awyren
e.g. *We want to go in a train—*
Rydyn ni'n moyn
mynd mewn trên.

SUT?—*HOW?*
(Sit)

2 Sut ydych chi'n moyn mynd i Ffrainc?
Rydyn ni'n... _____
Sut ydych chi'n moynd mynd i'r Almaen?
Rydyn ni'n... _____
Sut ydych chi'n moyn mynd i'r Swistir?
Rydyn ni'n... _____
Sut ydych chi'n moyn mynd i'r Eidal?
Rydyn ni'n... _____
Sut ydych chi'n moyn mynd i Iwerddon?
Rydyn ni'n... _____

The Seasons:			
Gwanwyn	**Haf**	**Hydref**	**Gaeaf**
(Gooahnooin)	(Hahv)	(Huhdrehv)	(Gahyahv)
Spring	*Summer*	*Autumn*	*Winter*

CYMRU (Kuhmree)—*Wales*
YNG NGHYMRU (ung Nghuhmree)—*in Wales*
I GYMRU (ee Guhmree)—*to Wales*
Llydaw (Lluhdaoo)—*Brittany*
Cernyw (Kehrnioo)—*Cornwall*
America (Amerika)—*America*
Gwlad Belg (Goolahd Behlg)—*Belgium*

Pwy sy'n dod i'r dre?—*Who's coming to town?*
(Pooee seen dohd eer dreh)

BETH SY AR Y RADIO?
(Beth see ahr uh rahdyo)
What's on the radio?

4   Ask what's on the radio
this morning—**bore ma** (boreh mah)

this afternoon—**prynhawn 'ma**
(prunhaoon mah)

tonight—**heno** (hehnoh)

Pwy sy'n dod i'r dre?

Fi!
(Vee)

A fi!
(Ah vee)

> —*Who's coming to town?*
> —*I (am)!*
> —*And I (am)!*

---

3 GOFYNNWCH *(Ask)*

Pwy sy'n dod. . .

i'r sinema

i'r gêm

i'r ysgol
(to school)

I weld Mam-gu (To see Grand-mother)
(Ee wehld Mam-gu)

I weld Tad-cu *(To see Grand-father)*
(Ee wehld Tad-kee)

---

5   LOOK UP **13** and answer these:

Beth sy ar y teledu am chwech o'r gloch? *(at 6.00)*

Beth sy ar y teledu am wyth o'r gloch? *(at 8.00)*

Beth sy ar y teledu am chwarter i saith? *(at 6.45)*

CRICED (kriked)—*cricket*

Pwy sy'n chwarae?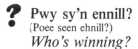
(Pooee seen chooahrahee)
Who's playing?

Pwy sy'n batio?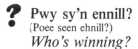
(Pooee seen batyo?)
Who's batting?

Pwy sy'n ennill?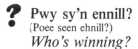
(Poee seen ehnill?)
Who's winning?

Pwy sy'n bowlio
(Pooee seen bohoolyo)
Who's bowling?

wiced—*wicket*
(wiked)
bat—*bat*
(bat)
pêl—*ball*
(pehl)
bowliwr—*bowler*
(bohoolyoor)
batiwr—*batsman*
(batyoor)
tîm—*team*
(teem)

Morgannwg ac India'r Gorllewin
(Morganoog ak Indya'r Gorllehooin)
Glamorgan v the West Indies

(For numbers in Welsh, look up Part 11.)

BETH YW'R SGÔR?
(Beth ioor sgohr?)
What's the score?

Pwy sy'n ennill?
Who is winning?
Nhw!
They (are)

Beth yw'r sgôr?
What's the score?
Bethel, Sgeti, chwe deg
Bethel, Sketty, sixty

Wyth am naw!
Eight for nine!
Ond mae Tabernacl,
But Tabernacl,
Treforys, wedi sgorio
Morriston, has scored
naw deg! Nhw
ninety! They
sy'n ennill, ni
are winning, we
sy'n colli!
are losing!

sgorio—*to score*
(skoryo)
am—*for*
colli—*to lose*
(kollee)

RHAN DEG: PART TEN
(Rhan deg)
SAY YOU WANT SOMETHING

[Ryd]w i eisiau mynd—*I want to go*
OR
[Ryd]w i'n moyn mynd—*I want to go*

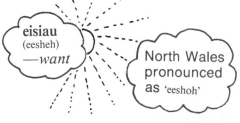

eisiau
(eesheh)
—*want*

North Wales pronounced as 'eeshoh'

Wi eisiau
Wee eesheh
gwneud teisen.
gneyd teeshehn.

Wyt ti eisiau
Ooet tee eesheh
gwneud teisen lap?
gneyd teeshehn lap?

—*I want to make a cake.*
—*Do you want to make a 'Lap' cake?*

Wi eisiau wyau,
Wee eesheh ooee-eh,
menyn, siwgr a blawd.
mehnin, shoogoor ah blahood.

Maen nhw
Maheen nhoo
yn yr oergell.
uhn uhr oyrgell.

—*I want eggs, butter, sugar and flour.*
—*They're in the fridge.*

Wi eisiau
Wee eesheh
dau blât a llwy.
dahee blaht, ah llooee.

Wyt ti eisiau help?
Ooeet tee eesheh help?

—*I want two plates, and a spoon.*
—*Do you want help?*

Na, wi'n rhoi'r
Nah, ween rhoyr
deisen yn y platiau.
deeshehn uhn uh plahtee-eh.

—*No, I'm putting the cake into the plates.*

Ac wi'n rhoi'r deisen
Ak ween rhoyr deeshehn
yn y ffwrn. Mae'r deisen
uhn uh ffoorn. Maheer deeshehn
eisiau hanner awr.
eesheh hahnehr ahoor.

—And I'm putting the cake in the oven. The cake needs half and hour.

DY DRO DI—Your turn!
1 SAY:
1) You want to make breakfast

2) You need milk

3) You want some sugar

4) You want an egg

5) You need bread and butter

6) Ask where the marmalade is

7) Ask where the toast is

8) Say it's on the table

dod *(to come)* Mae e'n mynd i ddod.
llosgi *(to burn)* Mae e'n mynd i losgi.
mynd *(to go)* Mae e'n mynd i fynd
(*going to go*).
rhedeg *(to run)* Mae hi'n mynd i redeg.

O daro! Mae'r deisen
O dahroh! Maheer deeshehn
fel pancosen. Wi'n mynd
vel pankosehn. Ween mynd
i'r siop i brynu teisen.
eer shop ee bruhnee teeshehn.

—O Dear! The cake is like a pancake. I'm going to the shop to buy a cake.

Going to do
—Mynd i wneud. . .
e.g. rydw i'n mynd i wneud brecwast
(I'm going to make breakfast)

GWNEUD = *to make or to do*

NOTICE THAT GWNEUD CHANGES TO **W**NEUD after 'i'.

—rydw i'n mynd i wneud cinio.
—rydw i'n mynd i wneud te.
—rydw i'n mynd i wneud swper.
OTHER LETTERS CHANGE AS WELL—JUST LEARN THEM AS YOU COME ACROSS THEM—
e.g.
prynu *(to buy)* Rydw i'n mynd i brynu
teisen.
cael *(to have)* Rydw i'n mynd i gael te.
trio *(to try)* Rydw i'n mynd i drio'r
ffrog *(frock)*.
bwrw glaw *(to rain)* Mae hi'n mynd i
fwrw glaw.

WHEN LETTERS CHANGE...

You will have noticed that some (9) letters can change at the beginning of words. These are the most common letter changes. (Two other types of change will be examined later)

c—g	g—/	ll—l
p—b	b—f	m—f
t—d	d—dd	rh—r

Notice that 'g' sometimes just drops out.

WHEN DO THESE LETTERS CHANGE?

These are some of the changes that we have seen so far. [Even if you don't change the letters in the proper place, you will be understood—so don't worry too much about them!] DON'T TRY TO LEARN THE RULES—it will all sink in later!

1. After 'i'   : i fynd (mynd)
   [to]   *to go*
2. After 'o'   : o Gaerdydd
                        (Caerdydd)
   [of, or from]   *from Cardiff*
3. Feminine singular words after 'y'
   or 'r' *(the)*   y fam (mam)
                        the mother
4. After 'dau' or 'dwy' *(two)*
                        dau lyfr (llyfr)
                        two books
5. After 'am' *(for or at)*
                        am ddeg o'r gloch
                        (deg)
                        at 10 o'clock
6. Feminine words after 'un' *(one)*
                        un bunt (punt)
                        one pound

What have you got?
Beth sy 'da ti?
(Beth see da tee?)

'Beth sy 'da ti?'
'Llythyr i ti.'
(Lluhthir ee tee)
A letter for you.

2 GOFYNNWCH: *(Ask)*

What have you got?

What have we got?

What have they got?

What have I got?

What have you got? (to a person you don't know well)

---

3 GOFYNNWCH:

What have we got for dinner?
Beth sy 'da ni i ginio?

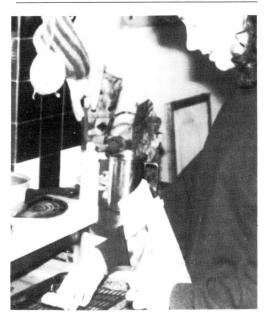

What have we got for tea?

What have we got for breakfast?

What have we got for supper?

---

4 GOFYNNWCH:
Who's coming for tea?

Who's coming for dinner?

Who's coming to stay? (aros)

Yn y siop—*In the shop*
(Uhn uh shop)

'Beth sy 'da chi?'
What have you got?
'Potiau—potiau marmalêd,
Pots—marmalade pots,
potiau siwgr, potiau menyn,
sugar pots, butter pots,
potiau blawd, potiau hufen. . .'
flour pots, cream pots
'Beth arall sy 'da chi?'
What else have you got?
'Potiau finegr, potiau halen
Vinegar pots, salt pots,
potiau te.'
tea pots.
'Dim ond potiau sy 'da chi?'
It's only pots that you have?
'Ie.'
Yes.
'Piti. Dydw i ddim yn moyn potiau.'
Pity. I don't want pots.

53

Faint yw'r... *How much is the...*
(Vaheent ioor)

BETH YW PRIS Y... *What is the price of...*
(Beth ioo prees uh...)

£ 1 -	**un bunt** een bint*	1p -	**un geiniog** een geheenyog
£ 2 -	**dwy bunt** dooee bint	2p -	**dwy geiniog** dooee geheenyog
£ 3 -	**tair pint** taheer pint	3p -	**tair ceiniog** taheer keheenyog
£ 4 -	**pedair punt** pedaheer pint	4p -	**pedair ceiniog** pedaheer keheenyog
£ 5 -	**pum punt** pim pint	5p -	**pum ceiniog** pim keheenyog
£ 6 -	**chwe phunt** chweh phint	6p -	**chwe cheiniog** chweh cheheenyog
£ 7 -	**saith punt** saheeth pint	7p -	**saith ceiniog** saheeth keheenyog
£ 8 -	**wyth punt** ooeeth pint	8p -	**wyth ceiniog** ooeeth keheenyog
£ 9 -	**naw punt** nahoo pint	9p -	**naw ceiniog** nahoo keheenyog
£10 -	**deg punt** deg pint	10p -	**deg ceiniog** deg keheenyog

*'pint' is said as if to rhyme with 'mint'

DIM OND —only

NID —not

OND —but

NID... OND... not... but...

Ydw, wrth gwrs!
Uhdoo, oorth goors!
Rydw i'n moyn
Ruhdoo een moheen
mynd ar yr olwyn
mind ar uhr olooeen
fawr.
vahoor.

Wyt ti'n moyn dod
Ooeet teen moheen dod
gyda ni i'r ffair?
gyhda nee eer ffaheer?

—Do you want to come with us to the fair?
—Yes, of course, I want to go on the big wheel.

A beth yw'r
Ah beth ioor
pris? Dim
prees? Dim
ond dwy bunt.
ond dooee bint.

Nid pum punt,
Nid pim, pint,
nid pedair punt,
nid pedaheer pint,
ond dwy bunt!
ond dooee bint!

—And what is the price? Only £2.
—Not £5, not £4, but £2.

I chi, madam, dim
Ee chee, madam, dim
ond naw punt, naw
ond nahoo pint, nahoo
deg naw ceiniog.
deg nahoo keheenyog.

Faint yw'r
Vaheent ioor
llun?
lleen?

—How much is the picture?
—For you, madam, only £9.99p.

> **Edrychwch! Ydych chi'n dod?**
> *Edruhchooch! Uhdich cheen dod?*

> **Beth yw'r pris?**
> *Beth ioor prees?*

—*Look! Are you coming?*
—*What is the price?*

> **O'r diwedd! Rydyn ni ar yr olwyn fawr!**
> *Ohr diooehdd! Ruhdin nee ahr uhr olooeen vahoor!*

> **Help! Rydw i'n cwympo!**
> *Help! Ruhdoo een kooimpo!*
> **Rydw i'n moyn mynd adre!**
> *Ruhdoo een moheen mind adreh!*

—*At last! We are on the big wheel!*
—*Help! I'm falling! I want to go home.*

> **Beth yw pris y gyllell?**
> *Beth ioo prees uh guhllell?*

> **I chi, syr, dim ond tair punt.**
> *Ee chee, suhr, dim ond taheer pint.*

> **Dere, Enid!**
> *Dereh, Enid!*

—*What is the price of the knife?*
—*For you, sir, only £3.*

Rhifau—*Numbers*

11-100

11 un deg un	51 pum deg un
12 un deg dau	60 chwe deg
13 un deg tri	61 chwe deg un
14 un deg pedwar	70 saith deg
15 un deg pump	71 saith deg un
etc. . .	80 wyth deg
20 dau ddeg	81 wyth deg un
21 dau ddeg un	90 naw deg
30 tri deg	91 naw deg un
31 tri deg un	100 cant
40 pedwar deg	1000 mil
41 pedwar deg un	1000 000 miliwn
50 pum deg	

> **Wyt ti'n moyn tro arall?**
> *Ooeet teen moheen tro ahrall?*

> **Faint yw e?**
> *Vaheent ioo eh?*

> **Dim ond pum deg ceiniog.**
> *Dim ond pim deg keheenyog.*

—*Come, Enid!*
—*Do you want another turn?*
—*How much is it?*
—*Only 50p.*

> **TRO**
> tro arall—*another turn*
> dy dro di—*your turn*
> mynd am dro—*go for a walk*

Beth yw'r sgôr—*What's the score*
(Beth ioor skohr)

ABERTAWE UN, CAERDYDD DIM
(Ahbertahooeh een, Kaheerdeedd dim)

(Swansea 1, Cardiff 0)

↑ Mae Abertawe wedi sgorio—*Swansea have scored.*

Mae Penybont wedi sgorio—*Bridgend have scored.* →

WEDI = *have/has*

Mae Abertawe wedi ennill—*Swansea have won.*

Mae Caerdydd wedi colli—*Cardiff have lost.*

---

cic gosb—*penalty*
(kik gosb)
pasio—*to pass*
(paso)
cicio—*to kick*
(kiko)

RYGBI—*rugby*
(ruhgbee)
PÊL-DROED—*football*
(pehl-droyd)

---

gôl—*goal*
(gohl)
chwaraewr—*player*
(chooahraheeoor)
cae—*field*
(kahee)
cais—*try*
(kahees)

ABERTAWE UN DEG WYTH,
Ahbertahooeh een-deg-ooeth,
PEN Y BONT DAU DDEG SAITH
Pennuhbont dahee-ddeg-saheeth

(Swansea 18, Bridgend 27)

↓

1 ATEBWCH

Pwy sy wedi sgorio gôl?

_____

Pwy sy wedi sgorio cais?

_____

Pwy sy wedi ennill y gêm rygbi?

_____

Pwy sy wedi ennill y gêm bêl-droed?

CYMRU 48
LLOEGR 0

SAY THESE SCORES IN WELSH

Aberavon	10	Maesteg	12
Askeans	31	Maidstone	0
Bath	65	Blackheath	3
Bridgend	21	Cardiff	10
Bristol	47	Hereford	8
Broughton P.	17	V of Lune	15
Cross Keys	20	Tredegar	6
Ebbw Vale	22	Coventry	0
Fylde	28	Waterloo	15
Harlequins	20	Richmond	18
Headingley	6	Nottingham	12
Huddersfield	6	Sheffield	44
Jed-Forest	41	Glasgow H.	30
L Welsh	44	W Students	0
Met Police	15	Bedford	15
Middlesboro	9	Gosforth	19
Morley	9	Bradford	6
Moseley	10	Swansea	12
Newport	10	Gloucester	10
Pontypool	26	Abertillery	4
P G'hoppers	28	Rugby	9
Roundhay	6	Orrell	24
Saracens	22	Sale	21
Wasps	15	Rosslyn Park	9
W Hartlepool	36	Gateshead	22

SCHWEPPES WELSH CUP FOURTH ROUND

Newbridge	28	Llantrisant	9
Sengh'ydd	12	Llanelli	62
Y Rhondda	3	Neath	57

Bridgend—Penybont
Bath—Caerfaddon
Bristol—Bryste
Ebbw Vale—Glyn Ebwy
Cardiff—Caerdydd
Newport—Casnewydd
Swansea—Abertawe
Newbridge—Trecelyn
Neath—Castell-nedd
Hereford—Henffordd
Pontypool—Pontypŵl
London Welsh—Cymry Llundain
Welsh Cup—Cwpan Cymru
4th round—Rownd Pedwar

HOCI—*hockey*
(hoke)
PÊL-RWYD—*basket-ball*
(pehl-rooeed)

Some of these numbers will help you:

chwe deg dau; pedwar deg pedwar; dim; dau ddeg wyth; pedwar deg un; un deg pump; chwe deg pump; un deg dau; pum deg saith; tri deg chwech; dau ddeg un; tri deg un; dau ddeg pedwar; tri deg un.

2 ATEBWCH

Beth ydych chi'n hoffi chwarae?

Ydych chi'n hoffi chwarae hoci?

Ydych chi'n chwarae rygbi i'r ysgol?
(for the school)

Ydych chi'n hoffi chwarae pêl-rwyd?

Ydych chi'n hoffi chwarae pêl-droed?

Gôl agored—*open goal!*
(gohl agohred)

SAY WHAT PEOPLE ARE DOING

YDYN
Uhdin

—*Yes*

Maen nhw
Maheen noo

= *They are*

Ydyn nhw?
Uhdin noo?

= *Are they*

NA, DYN NHW DDIM
Nah, deen noo ddim
(in full = DYDYN NHW DDIM)

—*No, they're not*

[Instead of 'Na', yw could also use 'NAG YDYN' or 'NAGYN']

O blant! Mae eich modryb
Oh blahnt! Mahee uhch modrib
a'ch ewythr yn dod yfory.
ach ehooithr uhn dod uhvoree.
Peintiwch y stafell yma!
Peheentyooch uh stavell uhma!

—*O children! Your uncle and aunt are coming tomorrow. Paint this room!*

Dyma'r ysgol. Ydyn
Duhmar uhsgol. Uhdin
nhw'n dod yn y bore?
noon dod uhn uh boreh?

Na, maen nhw'n dod
Nah, maheen noon dod
yn y prynhawn.
uhn uh pruhnhahoon.

—*Here's the ladder. Are they coming in the morning?*
—*No. They're coming in the afternoon.*

Ble maen nhw'n byw
Bleh maheen noon bioo
nawr, mam?
nahoor, mam?

Maen nhw'n byw yn
Maheen noon bioo uhn
America. Dydyn nhw
America. Duhdin noo
ddim yn dod i Gymru'n
ddim uhn dod ee Guhmreen
aml.
amal.

—*Where do they live now, mam?*
—*They're living in America. They don't come to Wales often.*

Mae'r paent gwyn yn
Maeer paheent gooin uhn
dew. Ydyn nhw'n dod
dehoo. Uhdin noon dod
mewn car?
mehoon kar?

Na, maen nhw'n dod
Nah, maheen noon dod
ar y trên.
ahr uh trêhn.

—*The white paint is thick. Are they coming in a car?*
—*No, they're coming on the train.*

O uffern! Rydw i'n cwympo! Help!
O iffehrn! Ruhdoo een kooimpoh! Help!

O diar, mae'r paent dros y llawr, ac maen nhw'n dod yfory!
Oh deehahr, maheer paheent dros uh llahoor, ak maheen noon dod uhvoree!

—*O Hell, I'm falling. Help!*
—*O dear, the paint is over the floor, and they're coming tomorrow.*

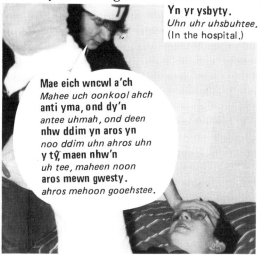

Yn yr ysbyty.
Uhn uhr uhsbuhtee.
(In the hospital.)

Mae eich wncwl a'ch anti yma, ond dy'n nhw ddim yn aros yn y tŷ, maen nhw'n aros mewn gwesty.
Mahee uch oonkool ahch antee uhmah, ond deen nhw ddim yn aros yn noo ddim uhn ahros uhn uh tee, maheen noon ahros mehoon gooehstee.

—*Your uncle and aunt are here—but they're not staying in the house—they're staying in a hotel.*

A handy question:
BETH SY'N BOD?
—*WHAT'S THE MATTER?*

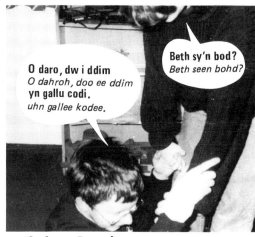

O daro, dw i ddim yn gallu codi.
O dahroh, doo ee ddim uhn gallee kodee.

Beth sy'n bod?
Beth seen bohd?

—*O dear. I can't get up.*
—*What's the matter?*

GWESTY—*hotel*	A'CH = *and your*
AROS—*to stay, to wait*	UFFERN—*hell*
	MODRYB—*aunt*
LLAWR—*floor*	EWYTHR—*uncle*
TŶ—*house*	(colloqually—
YFORY—*tomorrow*	WNCWL—*uncle*
EICH = *your*	ANTI—*aunt*)

1 DY DRO DI

Say that they are coming today:

_____

Say that they are coming tomorrow:

_____

Say that they live in America:

_____

Say that they don't live in Llanelli:

_____

Say that they're staying in a hotel:

_____

Say they're not staying in the house:

_____

SAY AND ASK HOW MUCH YOU'VE GOT

FAINT... SY 'DA NI?
(vaheent see dah nee)
How much have we got?

★Faint o laeth sy 'da ni?
How much milk have we got?

★Faint o afalau sy 'da ni?
How much apples have we got?
★Faint o fwyd sy 'da ni?
How much food have we got?
★Faint o win sy 'da ni?
How much wine have we got?

'Faint o orennau sy 'da ni?'
'Mae llawer o orennau 'da ni.'
(We've got a lot of oranges)
'Faint o afalau sy 'da ni?'
'Ychydig.'
(A few)
'Faint o domatos sy 'da ni?'
'Gormod.'
(Too many)

'Faint o win sy 'da ni?'
'Mae llawer o win gwyn *(white)*, tipyn bach o win coch *(red)* a gormod o win pinc!'

(tipyn bach—*a little*)

2 GOFYNNWCH:

Ask how much bread (o fara) **we've got** _____

As how much milk (o laeth) _____

How much meat (o gig) _____

How much pop (o bop) _____

How much crisps (o greision) _____

60

BETH MAEN NHW'N NEUD YN YR EISTEDDFOD?

(Beth maheen noon neheed uhn uhr eheesteddvohd)

What do they do in the Eisteddfod?

These words may help you:

canu mewn côr—*singing in a choir*
adrodd—*reciting*
canu penillion *singing to the harp*
canu mewn grŵp—*singing in a group*
ymarfer—*practising*

3 Maen nhw'n _____

4 Mae hi'n _____

BETH MAEN NHW'N NEUD?

5 Maen nhw'n _____

6 Maen nhw'n _____

dawnsio —*dancing*

AR Y TELEDU
Ahr uh teledee
= *On television*

PRYD MAE'R
Preed Maheer

= *WHEN IS THE...*
WHEN DOES THE...

Pryd mae'r ffilm yn dechrau?
= *When does the film start?*
Mae hi'n dechrau am wyth.
= *It starts at eight.*

AR Y RADIO
Ahr uh rahdyo
= *On the radio*

Pryd mae'r arholiadau'n dechrau? O daro! Dydd llun, a dw i ddim yn gwybod y gwaith.

—*When do the exams start? O dear! Monday, and I don't know the work.*

Cwpaned o de, ac wedyn dw i'n mynd i ddechrau gweithio.

Pryd mae 'Roc Rôl Te' ar y teledu?

—*A cup of tea, and then I'm going to start working.*
—*When is 'Rock After tea' on T.V.?*

W! Mae 'Roc Rol Te' am wyth. Ac mae 'Hel Straeon' am hanner awr wedi wyth.

—*Ooh! 'Rock After Tea' is at eight, and 'Telling Tales' is at 8.30.*

Nawrte, Enid, pryd mae'r wers biano?

Wel, mae'r wers nos Wener.

—*Now then, Enid, when is the piano lesson?*
—*Well, the lesson is on Friday night.*

62

—*O dear, I don't like playing the piano. Two minutes on the piano, then I'm going to work.*

—*O dear! No 'Rock After Tea' for me tonight. Where is the history book? No, I want to write a letter to Mair.*

ARHOLIAD—*exam*	GWEITHIO—*to work*
ARHOLIADAU—*exams*	GWERS—*a lesson*
GWYBOD—*to know*	HANES—*history*
GWAITH—*work*	YSGRIFENNU—*to write*
CWPANED O—*a cup of*	LLYTHYR—*a letter*
WEDYN—*then*	YSGRIFENNU AT—*to write to*

DY DRO DI

1 Ask when Brookside is on T.V.

2 Say it's at 6 o'clock
Mae e...

3 Ask when Countdown is on T.V.

4 Say it's at 2 o'clock
Mae e...

5 Ask when Snooker is on T.V.

6 Say it's at 2.30

O'R GLOCH = *o'clock*
(Ohr gloch)
HANNER AWR WEDI = ½ *PAST*
(Hahner ahoor ooehdee)
CHWARTER WEDI = ¼ *PAST*
(Chooahrter ooehdee)
CHWARTER I = ¼ *to*
(Chooahrter ee)
MUNUD = *minute*
(Minid)

NIGHTS OF THE WEEK
NOS LUN	NOS WENER
NOS FAWRTH	NOS SADWRN
NOS FERCHER	NOS SUL
NOS IAU	[Nos = *night*]
	= *Monday night etc*

SAY THE TIME MAE HI'N UN O'R GLOCH—*It's one o'clock*
(Mahee heen een or gloch)

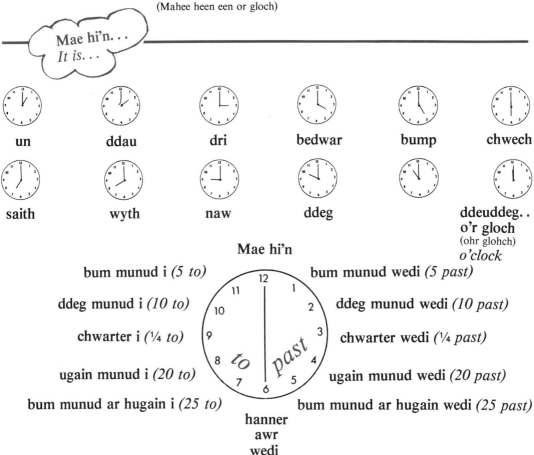

Mae hi'n. . .
It is. . .

| un | ddau | dri | bedwar | bump | chwech |

| saith | wyth | naw | ddeg | | ddeuddeg. . |

ddeuddeg. .
o'r gloch
(ohr glohch)
o'clock

Mae hi'n

bum munud i *(5 to)*   bum munud wedi *(5 past)*

ddeg munud i *(10 to)*   ddeg munud wedi *(10 past)*

chwarter i *(¼ to)*   chwarter wedi *(¼ past)*

ugain munud i *(20 to)*   ugain munud wedi *(20 past)*

bum munud ar hugain i *(25 to)*   bum munud ar hugain wedi *(25 past)*

to | past

hanner
awr
wedi

MORE LETTER CHANGES
(according to pattern given in Part 10)

1 Numbers after ''n' or 'yn':
Mae hi'n ddau/dri/bedwar/bump etc
o'r gloch.

2 Numbers after 'i':
Mae hi'n bum munud i ddeg
(etc)

2 BETH YW'R AMSER?—*WHAT'S THE TIME?*

Beth ioor amsehr?

 (3.00)

(4.05)

 (5.35)

 (7.10)

 (4.30)

(1.35)

 (8.20)

(10.10)

 (10.30)

 (9.00)

---

at = **am**—*at one o'clock*
     = **am un o'r gloch**

PRYD MAE'R____?
Pryd maheer ____?
When is the ____?

MISOEDD (Misoydd) *(MONTHS)*

IONAWR *(Jan)*
Yonahwr

CHWEFROR *(Feb)*
Chooehvror

MAWRTH *(March)*
Mahoorth

EBRILL *(Apr)*
Ebrill

MAI *(May)*
Mahee

MEHEFIN *(June)*
Mehevin

GORFFENNAF *(July)*
Gorffenav

AWST *(Aug)*
Aoost

MEDI *(Sep)*
Mehdee

HYDREF *(Oct)*
Huhdrev

TACHWEDD *(Nov)*
Tachooedd

RHAGFYR *(Dec)*
Rhagvir

S4C Rhaglenni Cymraeg

(Ess Pedooahr Ehk)   (Rhaglenee Kuhmraheeg)

6.45pm
O Bedwar Ban
Cyfle i ddysgwyr weld prif
newyddion yr wythnos
yng Nghymru a'r byd.

news for learners

6.05pm
Siôn Blewyn Coch
Ymdrechion llwynog bach
sgilgar i ddwyn twrci
Nadolig y ffermwr Eban.
Ond daw Mic i'r adwy!

*foxy stories
(cartoon)*

6.30pm
Pobol y Cwm
'O's raid i ti godi cywilydd
ar rywun ar ddydd
Nadolig gwed!'
Awdur y bennod
WILLIAM JONES
Cynhyrchydd
ROBIN C. ROLLINSON
Cynhyrchydd y gyfres
GLENDA JONES
Cyfarwyddwr ALLAN COOK
BBC Cymru
(Ailddarlledir yfory 12.00)
● ENGLISH SUBTITLES
on 888

soap

6.10pm Hafoc
Graham a Gaynor, Caffi
Ffortisimo, cystadlaethau
a'r person cudd.
Cynhyrchydd IWAN GRIFFITHS
Cynhyrchiad Cwmni'r Hydd i
BBC Cymru

*(Welsh programmes)
for children*

6.15pm
Wil Cwac Cwac
Rhagor o anturiaethau
yng nghwmni Wil Cwac
Cwac
Heddiw:
Yr Eisteddfod

duck stories

soap

8.00pm Dinas
Ymwelydd annisgwyl i
Paul yn y carchar ar
drothwy'r flwyddyn
newydd. Linda'n cyrraedd
penderfyniad annisgwyl
fydd yn rhoi cychwyn
newydd i'w theulu. Sioc i
Cynthia ar ddiwedd
blwyddyn, ac a yw Elwyn
a Miriam am gyfamodi?
Sgript ANGHARAD JONES

news

6.00pm
Newyddion
Y newyddion diweddaraf o
Gymru a'r byd o Fangor a
Chaerdydd

8.50pm
Dechrau Canu
Dechrau Canmol
o Eglwys Crist,
Llanfairfechan gyda Rhys
Jones yn cyflwyno.
Cynhyrchydd IEUAN T. LEWIS
BBC Cymru

hymn singing

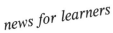

PRYD MAE
(preed mahee)
When is?

3 ATEBWCH

Pryd mae'r Newyddion?

_____

Pryd mae Pobol y Cwm?

_____

Pryd mae Dinas ar y teledu?

_____

Pryd mae Wil Cwac Cwac yn
dechrau?

_____

Pryd mae Dechrau Canu, Dechrau
Canmol?

_____

Pryd mae Hafoc?

_____

Pryd mae O Bedwar Ban?

_____

Pryd mae Siôn Blewyn Coch?

_____

Dyddiau'r Wythnos: *Days Of The Week*

Sunday—**Dydd Sul** (Deedd Seel)
Monday—**Dydd Llun** (Deedd Lleen)
Tuesday—**Dydd Mawrth** (Deedd Mahoorth)
Wednesday—**Dydd Mercher** (Deedd Mehrchehr)
Thursday—**Dydd Iau** (Deedd Eahee)
Friday—**Dydd Gwener** (Deedd Gwehnehr)
Saturday—**Dydd Sadwrn** (Deedd Sahdoorn)

NOTE the changes:
at 2 : am ddau
at 10 : am ddeg
at 3 : am dri

yn dechrau—*starts*
ar y teledu—*on television*
(ar uh tehleedee)

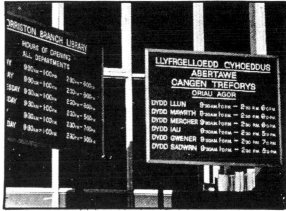

SAY YOU'RE ILL, OR SUFFERING!

> Mae... 'da fi
> —I have...

PEN—*HEAD*
COES—*LEG*
LLWNC—*THROAT*
CEFN—*BACK*
BOLA—*STOMACH*

> TOST or DOST
> = *ill (bad)*

> Beth sy'n bod, Enid?

> O, rydw i'n dost! Mae bola tost 'da fi.

—*What's the matter, Enid?*
—*O, I'm ill. I have a bad stomach.*

> O, mae coes dost 'da fi.

> O daro, mae pen tost 'da fi, hefyd.

—*O, I have a bad leg.*
—*O dear, I have a headache as well.*

> Ac mae llwnc tost 'da fi! O diar, rydw i'n dost.

> Rydw i'n mynd i'r gwely.

—*And I have a sore throat. O dear, I'm ill.*
—*I'm going to bed.*

> Helo, doctor Thomas? Ydych chi'n gallu dod? Mae'r plant yn dost iawn.

—*Hello? Dr Thomas? Can you come? The children are very ill.*

—*How are you? What's the matter?*
—*Enid has a bad stomach, Nel has a sore throat and Gwyn has headache.*

—*O dear, I haven't got a temperature, and I haven't got a headache.*

—*What's the matter doctor?*
—*The children are very ill. They've got examinations.*

—*Now then, have you got a temperature, Gwyn?*

—*O dear, I haven't got a temperature, and I haven't got a sore throat!*

SAY YOU'RE ILL
(Mae. . . 'da fi)

1 Say you've got headache

2 Say you've got a sore throat

3 Say you've got a temperature

4 Say you've got a bad stomach

ASK WHAT HE'S DOING

Beth mae e'n neud?—*What is he*
(Beth mahee ehn neheed?) *doing?*

▶ **Beth maen nhw'n neud?**
(Beth maheen noon neheed)
What are they doing?

▶ **Beth mae hi'n neud?**—*What is she*
(Beth mahee heen neheed) *doing?*

▶ **Beth mae Sian yn neud?**
(Beth mahee Shan uhn neheed)
What is Sian doing?

Ateb/*Answer*

Mae e'n. . .—*He is. . .*
(Mahee ehn)

Mae hi'n. . .—*She is. . .*
(Mahee heen)

Maen nhw'n. . . *They are*
(Maheen noon)

**DEWISWCH
YR ATEB
IAWN**—*Choose
the correct
answer*

★Maen nhw'n siopa *(shopping)*
★Mae hi'n mynd mas *(going out)*
★Mae hi'n bwyta
★Mae e'n chwarae Monopoly
★Mae hi'n ffonio

5 Beth maen nhw'n neud?

6 Beth mae e'n neud?

7 Beth mae hi'n neud?

8 Beth mae hi'n neud?

9 Beth mae hi'n neud?

If you don't know,
say 'Wn i ddim' (Oon ee ddim)
= *'I don't know'*

The person in these pictures is Nel.
Ask what Nel is doing, and answer.

70

ANIFEILIAID ANWES *(Pets)*
(Ahniveheelyaheed Ahnooehs)

ci
(kee)

cath
(kath)

cwningen
(kooningehn)

10 ATEBWCH:
Oes cath 'da chi?
Oes, mae cath 'da fi.
Oes ci 'da chi?

_____

Oes cwningen 'da chi?

_____

Oes pysgodyn 'da chi?

_____

Oes ceffyl 'da chi?

_____

pysgodyn
(puhsgodin)

ceffyl
(keffil)

11 ATEBWCH:
Ydych chi'n moyn cael ci?
(Do you want to have a dog?)
Na, mae ci gyda fi.
or, Ydw, rydw i'n moyn cael ci.
or, Na, dw i ddim yn moyn cael ci.

Ydych chi'n moyn cael cath?

_____

Ydych chi'n moyn cael cwningen?

_____

Ydych chi'n moyn cael pysgodyn?

_____

Ydych chi'n moyn cael ceffyl?

_____

SAYING MORE THAN ONE—WHEN YOU ADD AN 'S' IN ENGLISH

Very often in Welsh, you add 'au' to the end of a word:

afal—afalau = *apple—apples*
(aval—avaleh)
orange—**oren—orennau**
horse—**ceffyl—ceffylau**
cup—**cwpan—cwpanau**
book—**llyfr—llyfrau**
paper—**papur—papurau**
bed—**gwely—gwelyau**
mother—**mam—mamau**
father—**tad—tadau**
lorry—**lori—loriau**
spoon—**llwy—llwyau**
shop—**siop—siopau**

Other words change a little more:
plate—**plât—platiau**
table—**bwrdd—byrddau**
chair—**cadair—cadeiriau**
bag—**bag—bagiau**
flower—**blodyn—blodau**

BUT LOOK AT THESE!
child—**plentyn—plant**
dog—**ci—cŵn**
cat—**cath—cathod**
fish—**pysgodyn—pysgod**
house—**tŷ—tai**
town—**tref—trefi**
street—**stryd—strydoedd**
fork—**fforc—ffyrc**
knife—**cyllell—cyllyll**
tree—**coeden—coed**

RHAN UN DEG PUMP:
PART FIFTEEN
SAY YOU HAVE TO DO SOMETHING

> **Mae rhaid i fi** = *I have to/I must*
> Mahee rhaheed ee vee

Mae rhaid i chi—
You must
Mae rhaid i ni—
We must
Mae rhaid i ti—
You must

After 'mae rhaid i fi'
the next word changes
according to the pattern
introduced in Part 10.
e.g. gweithio—
Mae rhaid i fi weithio

The changes:

c→g	g→/	ll→l
p→b	b→f	m→f
t→d	d→dd	rh→r

★If you forget these, it doesn't matter much!★

—*Have you got homework tonight?*
—*Drat, yes. I have to do History, Welsh, English and Maths.*

—*And I have to do a Geography project.*
—*Wel, you must go to the library.*

—*There's nothing here—only boring books.*

—*There are books here on Wales, Nel.*
—*But I have to have books on the weather.*

Oes llyfrau o'r llyfrgell gyda chi?

Oes, mae llawer o lyfrau gyda ni, Mam.

Ha! Ha! Mae llyfrau comics gyda ni—Tin-tin ac Asterix.

Mae rhaid i fi ddarllen y llyfrau cyn gwneud gwaith cartref!

—Have you got books from the library?
—Yes, we have many books, Mam.

YN YR YSGOL
Uhn uhr uhsgol
AT SCHOOL

CYMRAEG— *Welsh*
Kuhmraheeg

SAESNEG—*English*
Saheesneg

MATHEMATEG—*Maths*
Mathehmatehg

HANES—*History*
Hahnes

DAEARYDDIAETH—*Geography*
Daheeahruhddyaeeth

FFRANGEG—*French*
Ffrahngehg

ALMAENEG—*German*
Almaheenehg

GWYDDONIAETH—*Science*
Gooiddonyaheeth

CEMEG—*Chemistry*
Kehmehg

FFISEG—*Physics*
Ffisehg

BIOLEG—*Biology*
Beeohlehg

YMARFER CORFF—*P.E.*
Uhmarver korff

CHWARAEON—*Games*
Chooahrahyon

—Ha ha! We have comics books—
Tin-tin and Asterix.
—I must read the books before doing
homework!

NOFIO—*Swimming*
Novyo

C.D.T—*C.D.T.*
Ek Dee Tee

TECHNOLEG—*Technology*
Tehchnolehg

CYFRIFIADUREG—*Computer*
Kuhvrivyadeerehg   *studies*

GWYDDOR TŶ—*Home Economics*
Gooeeddohr tee

Beth mae rhaid i chi wneud heno?
(What must you do tonight?)
★**Mae rhaid i fi wneud** _____

1 Say you must do a project

---

2 Say you must do Welsh

---

3 Say you must do Physics

73

> Mae rhaid iddo fe—*he must*
> Mae rhaid iddi hi—*she must*
> Mae rhaid iddyn nhw—*they must*

SAY YOU HAVE TO, YOU'D BETTER or IT'S TIME FOR YOU TO DO SOMETHING

> i fi—*I*
> i ti—*You*
> iddo fe—*He*
> Mae rhaid iddi hi—*She must*
> i ni—*We*
> i chi—*You*
> iddyn nhw—*They*

['I must' or 'I have to']

> i fi—*I'd*
> i ti—*You'd*
> iddi hi—*He'd*
> Mae'n well iddi hi—*She'd better*
> i ni—*We'd*
> i chi—*You'd*
> iddyn nhw—*They'd*

yn well = *better [I'd better. . .]*
(uhn well)

> i fi— *me*
> i ti— *you*
> iddo fe— *him*
> Mae'n bryd iddi hi—*It's time for her*
> i ni— *us*
> i chi— *you*
> iddyn nhw— *them*

Mae'n bryd—*It's time*
(Maheen breed)

> **OES RHAID I TI _____ ?**
> *MUST YOU _____ ?*
> e.g.
> Oes rhaid i ti wneud
> gwaith cartref heno?
> Oes, mae rhaid i fi. OR
> Na, does dim rhaid i fi.

'Mae rhaid i ti ganu'r piano!'
(Mahee rhaheed ee tee gahneer pyano)
'Mae'n well i ti ganu'r piano!'
'Mae'n bryd i ti ganu'r piano!'

> **canu** = *to sing*
> (kahnee)
> **canu'r piano** = *to play the piano*

'Daro! Mae'n bryd i fi sgorio!'

ASKING IF YOU HAVE TO. . .
'Oes rhaid i fi. . . ?'

ASKING IF YOU'D BETTER. . .
'Ydy'n well i fi. . . ?'

ASKING IF IT'S TIME. . .
'Ydy'n bryd i fi. . . ?'

'Mae pen tost gyda fi. Mae'n well i fi gael asprin.'

4→
Ask if you have to wash the dishes = Answer Yes.

5 Ask if you'd better catch the bus Answer Yes.

'Iechyd! Mae'n bryd i fi ddysgu reido beic!'

6 Tell them it's time for them to get up!

EISTEDDWCH!
Eheesteddooch!
Sit!

CODWCH!
Kodooch!
Get up!
or *Pick up!*

PEIDIWCH!
Peheedyoooch!
Don't!

EWCH Â—*Take*
DEWCH Â—*Bring*

EWCH!—*Go!*
Ehooch!

ARHOSWCH!
Arhosooch!
Wait!

DEWCH!
Dehooch!
Come!

DECHREUWCH!
Dechreheeooch!
Start!

Mae hi'n braf heddiw. Ry'n ni'n cael cinio yn yr ardd.

Dewch â'r bwyd yn gyflym—wi'n llwgu.

Hei, ewch i nôl y cyllyll a ffyrc!

bwrdd (table)

plât (plate)

cwpan (cup)

moron (carrots)

bysedd pysgod (fish fingers)

tatws (potatoes)

bowlen (bowl)

—*It's fine today. We're having dinner in the garden.*
—*Bring the food quickly—I'm starving.*

—*Hey, go to fetch the knives and forks.*

Na, arhoswch funud—dydy'r llwyau ddim yma.

Ydy'r bwyd yn barod?

hambwrdd (tray)

fforc (fork)

cyllell (knife)

potel (bottle)

Mae cinio'n barod. Dewch i gael bwyd.

O'r diwedd! Mae hi'n dri o'r gloch.

bys pysgodyn (a fishfinger)

—*Is food ready?*
—*No wait a minute. The spoons aren't here.*

—*Dinner's ready. Come to have food.*
—*At last! It's 3 o'clock.*

—Hey, don't eat yet—the food isn't on the plates.
—Please, bring the food now!

—Ugh—the food is cold!
—Don't drink the tea—it's cold!
—I'm going to the shop to fetch chips.

DY DRO DI

1 Tell someone to get up

___

2 Tell someone to come

___

3 Tell someone to sit

___

4 Tell someone to wait

___

5 Tell someone to start

___

6 Tell someone to bring the food

___

7 Tell someone to take the plates

___

When talking to one person you know well, use
DERE instead of **DEWCH** ['tyrd' in North Wales]
CER instead of **EWCH** ['dos' in North Wales]
PAID instead of **PEIDIWCH**
EISTEDDA instead of **EISTEDDWCH**
ARHOSA instead of **ARHOSWCH**
DECHREUA instead of **DECHREUWCH**
CODA instead of **CODWCH**

DEWCH I MEWN!
Come in!

EWCH MAS!
Go out!
[North Wales: Ewch allan!]

BYDDWCH YN DAWEL!
Be quiet!

CAU DY GEG!
Shut up!

CER I GRAFU!
Go to scratch!
(not very polite!)

MORE COMMANDS

(trohr) **TRO'R** **TROWCH Y** (trohooch uh)	tân golau radio	(uhmlahn) **YMLAEN** **BANT** (bahnt)
= *Turn the*	*fire* *light* *radio*	*on* *off*

10 Tell them to switch the light off

8 Mae'r radio ymlaen. Beth mae Mam yn 'ddweud *(saying)*?

11 Tell her to pay (talu) **£50**

9 Tell him to switch the T.V. off

12 Tell him to turn the fire off

to ring the bell = canu'r gloch

13 Tell her to ring the bell again (eto)

14 Take the chair to the house

TO MAKE COMMANDS
With most verbs, knock off the final
'o' or 'i' or 'u', and add
—wch or—a.

Look!—Edrycha! Edrychwch!
Stand up!—Coda! Codwch!
Get up!—Coda! Codwch!
Shut the door!—Cau'r drws! Caewch
y drws!
Open the door!—Agora'r drws!
Agorwch y drws!

DON'T—PAID/PEIDIWCH

Sometimes followed by â

15 Don't wait outside (tu fas)—**come
in**

16 Tell her not to drink and drive

Be!—Bydda! Byddwch
Be careful!—Bydda'n ofalus
(Buhdda'n ovahlis)

79

mawr—*big*
bach—*small*

drud—*expensive*
rhad—*cheap*

pert—*pretty*
salw—*ugly*

neis—*nice*
ofnadwy—*awful*

tew—*fat, thick*
tenau—*thin*

Edrychwch! Mae ffwrn newydd gyda fi!

Ydy hi'n well na'r hen ffwrn?

Wrth gwrs, mae hi'n ddrud.

—*Look! I have a new oven!*
—*Is it better than the old oven?—Of course, it's expensive.*

Wel, wel, mae hi'n ffwrn fach.

Mewn blwch mawr!

—*Well, well, it's a small oven—in a big box!*

Sut mae'r ffwrn yn gweithio? Ydy hi'n anodd?

Na, mae llyfr mawr gyda'r ffwrn. Mae hi'n hawdd.

—*How does the oven work? Is it difficult?*
—*No, there's a big book with the oven. It's easy.*

Dwi eisiau gwneud cinio mawr yn y ffwrn.

Na, dwi'n gwneud teisen neis i mam.

—*I want to make a big dinner in the oven.*
—*No, I'm making a nice cake for mam.*

—Is it nice, Nel?—Well, it's not awful.
—Only 5 minutes in the oven. It's fast.

—Now then, I'm putting the big, thick cake in the oven.

—Oops. What's the matter?
—The cake is small and ugly and thin!
—The old oven is better!

BLWCH—*box*
FFWRN—*oven*
TEISEN—*cake*

gwell na =
better than

mor fawr â =
as big as

NEWYDD—*new*
HEN—*old*

ANODD—*difficult*
HAWDD—*easy*

GLÂN—*clean*
BRWNT—*dirty*
(BUDR in North Wales)

ALL ADJECTIVES (DESCRIBING WORDS) ARE *AFTER* WHAT THEY DESCRIBE—NOT *BEFORE* AS IN ENGLISH—EXCEPT 'HEN'.

CYFLYM—*quick*
ARAF—*slow*

WHEN DESCRIBING WORDS COME AFTER FEMININE WORDS, THE FIRST LETTER CHANGES ACCORDING TO THE PATTERN GIVEN IN PART 10. E.g. teisen fawr = *a big cake*

THE SAME CHANGES OCCUR AFTER 'MAE...'N' or MAE...'N' (= *is*) except for words starting with 'll' or 'rh'.

DY DRO DI

1 Say you have a new car

---

2 Say you have a nice house (tŷ)

---

3 Say you have a small house

(JOKE: 'Tŷ bach' also means *'toilet'!*)
4 Say Welsh is difficult

---

5 Say Welsh is easy

> **IAWN** → *O.K.*
> (eeahoon) → *VERY*

Mae e'n gyflym iawn *(He's very quick)*

←

Mae hi'n weddol *(She's fair)*

→

Mae e'n rhedeg yn gyflym
(Mahee ehn rhedeg uhn guhvlim)
He's running quickly

CYFLYM = *Quick*
(Kuhvlim)
YN GYFLYM = *quickly*

> yn + describing word = _____ *ly*
> letter change ↑

araf—*slow;* yn araf—*slowly*
tawel—*quiet;* yn dawel—*quietly*
uchel—*loud;* yn uchel—*loudly*

oer—*cold* (oheer)	salw—*ugly* (sahlw)
pert—*pretty* (pehrt)	uchel—*high* (eechehl)
poeth—*hot* (poheeth)	tal—*tall* (tahl)

isel—*low* (eesehl) byr—*short* (bir)

ANSWERING 'HOW ARE YOU?'

SHWD YCH CHI?
(shood eech chee?)
or **SUT YDYCH CHI?**
(Sit uhdich chee?)

'Gweddol, diolch.' **'Yn dda iawn, diolch'**
(Gooehddol, deeohlch) (uhn ddah eeahoon, deeohlch)
'Fair, thanks.' *Very well thanks*
'A chi?'
(ah chee)
And you?

'Iawn, diolch.'
(eeahoon, ddeohlch)
'Fine, thanks.'

6 ATEBWCH:
Shwd ych chi?
Say you're O.K., thanks
_____

Say you're very well
_____

Say you're not bad
_____

Ask how are you
_____

LLIWIAU—COLOURS

(lliooyeh)

du—*black*
(dee)

gwyn—*white*
(gooin)

coch—*red*
(koch)

melyn—*yellow*
mehlin)

glas—*blue*
(glahs)

gwyrdd—*green*
(gooirdd)

brown—*brown*
(brohoon)

llwyd—*grey*
(llooeed)

porffor—*purple*
(porffor)

oren—*orange*
(ohren)

AFTER FEMININE WORDS, THE FIRST LETTERS OF
ADJECTIVES CAN CHANGE, AND SOME ADJECTIVES
CHANGE MORE THAN THAT:

gwyn → wen; melyn → felen; gwyrdd → werdd

Lliwich y sgwarau!
(Lliooyooch uh sgooahreh)
Colour the squares!

7 Put adjectives after these words

MASCULINE WORDS
dyn tal
bachgen bach
gwallt du
Cap mawr

FEMININE WORDS
menyw _____
merch _____
sgert _____
het _____
(hat)

Adjectives don't change
after plural words

esgidiau _____

hosanau _____

sgertiau _____

siacedi _____

esgid ddu
(shoe)

hosan las
(sock)

sgert goch
(skirt)

siaced fach
(jacket)

84

8 Beth maen nhw'n wisgo? *(wearing)*

Maen nhw'n gwisgo sgertiau _____,

hetiau _____, siacedi _____,

hosanau _____, esgidiau _____.

Mwy o ddillad: *More clothes:*

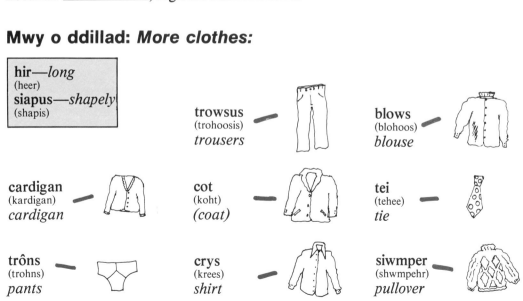

hir—*long*
(heer)
siapus—*shapely*
(shapis)

trowsus
(trohoosis)
trousers

blows
(blohoos)
blouse

cardigan
(kardigan)
cardigan

cot
(koht)
(coat)

tei
(tehee)
tie

trôns
(trohns)
pants

crys
(krees)
shirt

siwmper
(shwmpehr)
pullover

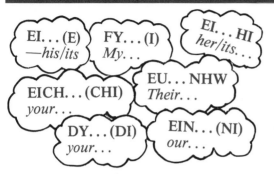

EI... (E)
—his/its

FY... (I)
My...

EI... HI
her/its...

EICH... (CHI)
your...

EU... NHW
Their...

DY... (DI)
your...

EIN... (NI)
our...

fy mhen-blwydd
—my birthday

dy ben-blwydd
—your birthday

ei phen-blwydd
—her birthday

Don't worry too much about the first letters of some words. Some letters change very oddly after some of these—rules on next pages.

O daro, rydw i'n dost, mae fy mhenblwydd i heddiw, a dyw'r plant ddim yn cofio.

—O Dear, I'm ill, my birthday is today and the children don't remember.

Yn y cwts dan staer.
(In the cupboard under the stairs.)

Cofio beth?

Hei, Nel, ydych chi'n cofio?

Mam! Mae ei phenblwydd hi heddiw. Mae syniad da fi!

—Hey, Nel, Enid! Do you remember?—Remember what?
—Mam! It's her birthday today. I've got an idea!

Penblwydd hapus, mam! Rydw i'n cofio dy benblwydd di.

Mae'r botel yn dod o'r cwts dan staer!

Diolch yn fawr Gwyn. A diolch am dy anrheg di.

—Happy birthday, Mam! I remember your birthday
—Thanks very much, Gwyn. And thanks for your present... The bottle comes from under the stairs!

—*What are we going to buy Mam, Nel?*
—*A book or a jug?*
—*Where's your sense! She's got a book.*

NADOLIG LLAWEN!
—*MERRY CHRISTMAS!*

BLWYDDYN NEWYDD DDA!
—*HAPPY NEW YEAR!*

PEN-BLWYDD HAPUS!
—*HAPPY BIRTHDAY!*

LLONGYFARCHIADAU!
—*CONGRATULATIONS!*

ANRHEG—*Present*
PEN-BLWYDD—*Birthday*
ESGUSODWCH FI—*Excuse me*

—*Ha! Ha! Look! Sam the Fireman books—do you like his programmes on the T.V.—Don't be silly! I'm fifteen!*

—*Excuse me, Mr Thomas, do you sell birthday cards?*
—*Our cards are on the shelf.*

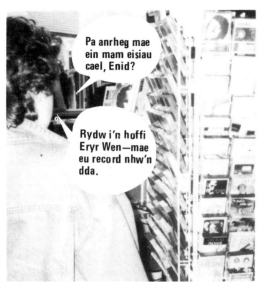

—*Which present does our mam want, Enid?*
—*I like Eryr Wen. Their record is good.*

—*Happy birthday, Mam. Here's a nice record on your birthday.*
—*Thanks, children. [I don't like the record. It's their record!]*

Where is my coat?
Ble mae [fy] nghot i?

Where are my clothes?
Ble mae [fy] nillad i?

Where are your shoes?
Ble mae eich esgidiau chi?
or Ble mae dy esgidiau di?

Where is your blouse?
Ble mae dy flows di?
or Ble mae eich blows chi?

Y CORFF—*THE BODY*
(uh korff)

pen
(pen)
head

llaw
(llahoo)
hand

dwylo
(dooeeloh)
hands

coes
(koyss)
leg

pen-lin
(pen-leen)
knee

ysgwydd
(uhsgooeedd)
shoulder

dant
(dahnt)
tooth

braich
(braheech)
arm

pen-ôl
(pen-ohl)
backside

troed
(troyd)
foot

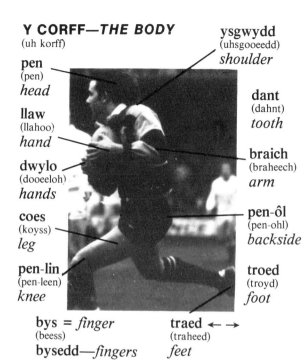

bys = *finger*
(beess)
bysedd—*fingers*

traed ← →
(traheed)
feet

cwt
(koot)
tail

llygaid
(lluhgaheed)
eyes →

llygad
(lluhgahd)
eye

clust/iau
(klisst/eeahee)
ear/s

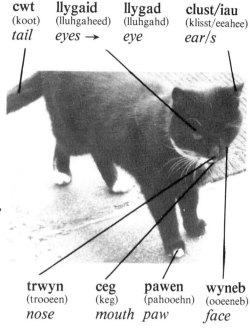

trwyn
(trooeen)
nose

ceg
(keg)
mouth

pawen
(pahooehn)
paw

wyneb
(ooeeneb)
face

Disgrifiwch y chwaraewr!
(Describe the player!)

1 Fill in the spaces with words that make sense:

Mae gwallt _____ 'da fe, mae coesau _____ 'da fe, ac mae e'n rhedeg yn _____.

3 Describe yourself:

Mae gwallt _____ 'da fi,
mae llygaid _____ 'da fi,
mae coesau _____ 'da fi,
ac mae fy nhrwyn i'n _____.

Disgrifiwch y gath!
(Describe the cat!)

2 Mae ei thrwyn hi'n _____, mae ei llygaid hi'n _____, ac mae ei choesau hi'n _____ a _____.

4
Mae gwallt _____ 'da hi, a llygaid _____, ac mae hi'n gwisgo blows _____.

89

WHOSE IS IT?

fy nghar i—*my car*
dy gar di—*your car*
ei gar e—*his car*
ei char hi—*her car*

ein car ni—*our car*
eich car chi—*your car*
eu car nhw—*their car*

LETTER CHANGES *(once again!)*

1 No changes occur after ein *(our)*, eich *(your)* and eu *(their)*.
2 The first letter of car changes after dy *(your)* and ei *(his)* according to the pattern introduced in Part 10. Other examples are:

dy geg di	dy ben di	ei droed e	ei fys e
(your mouth)	*(your head)*	*(his foot)*	*(his finger)*

3 A second pattern of letter change occurs after ei *(her)*. This occurs in only three letters.

C > CH   P > PH   T > TH

ei cheg hi   ei phen hi   ei throed hi
(her mouth)   *(her head)*   *(her foot)*

The only other places you'll find these changes is after a *(and)* gyda *(with)*, tri *(three)* and chwe *(six)*.

When you're ill!

Mae. . . i'n dost: *My. . . is bad*

mae mhen i'n dost—*my head is bad*
mae nghefn i'n dost—*my back is bad*
mae nghoes i'n dost—*my leg is bad*
mae nhroed i'n dost—*my foot is bad*

Beth sy'n bod?
What's the matter?

> **NOT SO IMPORTANT FOOTNOTE!** After **ei** *(her)*, **ein** *(our)* and **eu** *(their)* you add an h before vowels (a, e, i, o, u, w, y)
>
> **ei hafal hi**   **ein horen ni**   **eu harian nhw**
> *(her apple)*   *(our orange)*   *(their money)*

4 The third (and last!) pattern of letter change occurs in 6 letters fy *(my)* (and see Part 25 for another important use of these changes).

```
C > NGH          G > NG
P > MH           B > M
T > NH           D > N
```

fy ngheg i   **fy mhen i**   **fy nhroed i)**   **fy mys i**
(my mouth)   *(my head)*   *(my foot)*   *(my finger)*

DO NOT BECOME ALARMED! This looks a lot worse than it actually is. When speaking fy is often left out, leaving just the change:

'nhad i = *my father*   **'mys i** = *my finger*   **'mhen i** = *my head*

It's not so hard. **TRY IT!**

> *my father* _____
> *my mother* _____
> *my brother* [**brawd**] _____
> *my sister* [**chwaer**] _____
> *my dog* [**ci**] _____
> *my cat* [**cath**] _____
> *my house* _____
> *my school* _____
> *my town* _____
> *my street* _____
> *my room* _____
> *my bag* _____

SAYING 'IT'!

fy hoffi (i) —like me

ei hoffi (fe) like him/it

ei hoffi (hi) —like her/it

> Same rules for letter changes after 'fy...' etc—see Part 18

dy hoffi (di) —like you

ein hoffi (ni) —like us

eich hoffi (chi) —like you

eu hoffi (nhw) —like them

Ry'n ni'n moyn prynu beic.

Ond sut ydyn ni'n gallu ei brynu e? Does dim arian gyda ni.

Mae syniad gyda fi.

—We want to buy a bike.—But how can we buy it? We have no money.—I have an idea.

Diolch, blant— rydych chi'n gallu clirio'r ardd.

Bore da, Mrs Jones. Ydyn ni'n gallu eich helpu chi?

—Good morning Mrs Jones. Can we help you?
—Thank you, children. You can clear the garden.

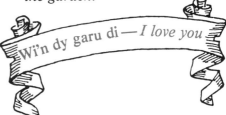

Wi'n dy garu di — I love you

92

—Heavens! There's work here. We're going to have a lot of money for doing it.
—Start clearing it, Enid.

—Gosh! There's awful work here.
—Well, come, you've got to clear it fast.

—Pick up those bricks, Nel.
—I'm trying, but I can't pick them up.

—Come, Gwyn, you're not doing it very quickly.
—Well, I'm doing my best, and I'm moving it slowly.

—Hey, Mrs Jones, can you pay us now?
—We can finish it tomorrow.

—Pay you, indeed. I'm not going to pay you.
—Well, the old bitch. We're not going to help you again.

ARIAN—*money*
SYNIAD—*idea*
CLIRIO—*to clear*
FY NGORAU—*my best*
TALU—*to pay*

DY DRO DI

1 Say you can do it

2 Say you can pick it up

3 Say you can help her

4 Say you can clear it

5 Say you can buy it

say you're doing it!

Gwaith ysgol!
School work!

Wi'n ei ddarllen e
I'm reading it

Wi'n ei ysgrifennu e
I'm writing it

Wi'n ei ddysgu e
I'm learning it

Wi'n ei neud e
I'm doing it

Let's do it again. . .

'fy _____ i' can also mean
'me'—Mae e'n fy nhalu i
= *He's paying me*

'dy _____ di' can also mean
'you'—Mae e'n dy weld di
= *He's seeing you*

'ei _____ e' can also mean
'him'—Rydw i'n ei weld e
= *I see him*

'ei _____ hi' can also mean
'her'—Rydw i'n ei hoffi hi.
= *I like her*

'ein _____ ni' can also mean
'us'—Maen nhw'n ein talu ni
= *They're paying us.*

'eich _____ chi' can also mean
'you'—Rydw i'n eich hoffi chi.
= *I like you*

'eu _____ nhw' can also mean
'them'—Mae e'n eu gweld nhw.
= *He sees them*

All these are followed by the same letter changes as explained in Part 18.

95

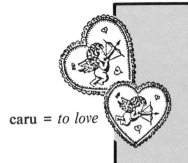

caru = *to love*

SAY YOU'RE IN LOVE!

'Wyt ti'n fy ngharu i?'
(Ooeet teen vuh ngharee ee)
Do you love me?

''Wi'n dy garu di.'
(Ooeen duh garee dee)
I love you

''Wi'n ei garu e.'
(Ooeen ee garee eh)
I love him

''Wi'n ei charu hi.'
(Ooeen ee charee hee)
I love her

6 Dyma'r bwyd—*Here's the food*

Ask if she likes it

_____

Say you don't

_____

Ask if he can give it to the cat

_____

Say yes, you're giving it to her (iddi hi)

_____

7 Y PIANO!

Say you can't play it

Say you want to learn it

Say you can play it well

Say you like it

Say you want to play the guitar (gitâr)

CANU POP

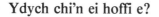

Ydych chi'n ei hoffi e?

Ydych chi'n ei glywed e *(hear it)* yn aml *(often)*?

Ydych chi'n ei gasáu e? *(hate it)*

Pwy ydych chi'n hoffi?

CANU MEWN CÔR
(Kahnee mehoon kohr)
Singing in a choir

Ydych chi'n canu mewn côr?

Ydych chi'n ei hoffi e?

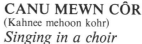

DAWNSIO GWERIN
(Dahoonsyoh gooehrin)
Folk Dancing

Ydych chi'n dawnsio?

Ydych chi'n ei hoffi e?

GA I = *May I?*

Ga i helpu? = *May I help?*

CEI/CEWCH = *Yes*
NA (CHEI/CHEWCH) = *NO*

Does dim ysgol heddiw —wyt ti'n moyn cael gêm o Monopoly?

Gwych! Wi bob amser yn ennill Monopoly.

Cawn ni weld!

—*There's no school today—do you want to have a game of Monopoly?—*
—*Great! I always win Monopoly.*
—*We'll see!*

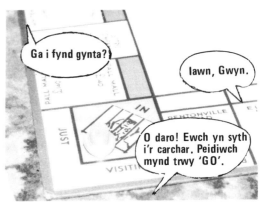

Ga i fynd gynta?

Iawn, Gwyn.

O daro! Ewch yn syth i'r carchar. Peidiwch mynd trwy 'GO'.

—*May I go first?—Fine, Gwyn.*
—*O dash! 'Go straight to jail. Do not pass Go'.*

A ha! Ga i brynu Bow St. os gwelwch yn dda?

Cei, wrth gwrs. Cant wyth deg punt.

Dy dro di nawr.

—*Aha! May I buy Bow St. please?*
—*Yes, of course. £180.—Your turn now.*

Ga i brynu'r orsaf, os gwelwch yn dda?

Na chei! Mae hi gyda fi. Rhent o gan punt, os gwelwch yn dda.

Y mwnci!

—*May I buy the station, please?*
—*No! I've got it. Rent of £100, please.*
—*You monkey.*

—Aha! I have 4 houses and a hotel on Mayfair. May I have rent of £2000 please?
—O dear! Impossible! I have no money.

Ga i—*May I (have)?*
Gawn ni—*May we (have)?*
Cei—*Yes* (to a person you know well)
Cewch—*Yes* (to a person you don't know well, or to more than one person)

⏩ *It's my turn*—Fy nhro i yw e

USEFUL PHRASES:
Wrth gwrs—*Of course*
O'r gorau—*All right (OK)*
Iawn—*Fine, all right*
Croeso—*You're welcome*
Gwych—*Great* (Goo-eech)
Wrth lwc—*Luckily*

⏩ Tro pwy yw e?—*Whose turn is it?*

★'GA I' is followed by the letter changes given in Part 10.

—O well, you little devil, you win once again
—You wait till next time.
—Ha ha! I am the millionaire of the family.

DY DRO DI

1 Ask if you may buy Old Kent Road

2 Say no, you've got it

3 Ask for a rent of £50

4 Say yes, and ask for change (newid)

5 Ask if you may buy a house

6 Say yes, it costs £100

7 Ask if you can play

8 Answer yes, of course

YN Y SIOP

'Ga i. . . ?' [followed by soft mutation—see Part 10]

torth o fara
(torth o vahrah)
a loaf of bread

pwys o datws
(pooees o dahtoos)
a lb of potatoes

pecyn o de
(pehkin o deh)
a packet of tea

tun o gawl
(tin o gahool)
a tin of soup

potel o bop
(potehl o bop)
a bottle of pop

9
Ask for a loaf of white bread and a loaf of brown bread

_____

Say yes, of course

_____

10 Ask for a packet of tea, and a packet of biscuits (bisgedi)

_____

Say yes, of course

_____

11 Ask for 5lbs of potatoes, and a bottle of pop

_____

_____

> *AND* = 'a'—
> followed by these changes:
> c → ch; p → ph; t → th
> **a phecyn o de**
> *(and a packet of tea)*

CAEL—*to have/to be allowed*

Ca i—*I may*   Cawn ni—*we may*
Cei di—*You may*   Cewch chi—*you may*
Caiff e—*he may*   Cân nhw—*they may*
Caiff hi—*she may*

To change these into questions, change the first 'C' to a 'G'.

Often you hear the shorth word 'fe' before 'Ca i', 'Cei di' etc—'fe ga i', 'fe gei di'. 'Fe', when used like this, has no meaning at all! Why use it? It sounds nice, and changes the 'c' to a 'g'!

YN Y FFAIR—*IN THE FAIR*
(Uhn uh Ffaheer)

OTHER 'DOING WORDS' CAN ALSO BE USED LIKE THIS:

Fe helpa i—*I'll help*
Fe wela i—*I'll see*
Fe bryna i—*I'll buy*
Fe wertha i—*I'll sell*
Fe chwaraea i—*I'll play*
Fe gysga i—*I'll sleep*
Fe goda i—*I'll get up*
Fe yfa i—*I'll drink*

'Dewch i ennill
'Come to win
pysgodyn aur!'
a gold fish!'
O'r gorau. Fe ga i
'All right. I'll have
dro.'
a turn.'
'Taflwch dri dart at
'Throw three darts at
dri cherdyn i ennill
three cards to win.'
'Hawdd! Fe enilla i
'Easy! I'll win
bysgodyn!'
a fish!'

Fe enilla i—*I'll win*   Fe a i—*I'll go*
Fe ysgrifenna i—*I'll write*   BUT
Fe ddarllena i—*I'll read*   Fe ddo i—*I'll come*
Fe olcha i'r llestri—*I'll read*
Fe olcha i'r llestri—*I'll wash the dishes*
Fe sycha i nhw—*I'll dry them*
Fe wna i—*I'll do*

e.g. **Rydw i wedi prynu beic** = *I've bought a bike*

WEDI = *has/have*

Just use 'wedi' instead of 'yn' or 'n

Edrycha, Gwyn, rydw i wedi cael beic newydd.

Rwyt ti wedi bod yn lwcus. Mae e'n un da.

Mae hen feic gyda fi, ond dydw i ddim wedi mynd ar y beic ers amser.

Wyt ti wedi pwmpio'r teiars?

—*Look, Gwyn, I've had a new bike.*
—*You've been lucky. It's a good one.*

—*I've got an old bike, but I've not been on the bike for a while.*
—*Have you pumped the tyres?*

Croeso Enid.

Ga i fynd ar dy feic newydd di, Nel?

Na, mae rhaid i fi eu pwmpio nhw nawr.

Ydw, ond mae'r beic yma yn fach iawn.

Mae Enid wedi mynd ar fy meic i. Gwyn, wyt ti'n dod gyda ni am dro?

—*May I go on your new bike, Nel?*
—*Welcome, Enid.*
—*No, I've got to pump them now.*

—*Enid has gone on my bike, Gwyn, are you coming with us for a spin?*
—*Yes, but this bike is very small.*

—*The new bike is going well. Are you coming with me on the road?*—*No, I'm staying on the pavement.*

—*Enid is not going to have my bike again.*
—*She hasn't had an injury, luckily.*

—*Gosh! Help! I've fallen! A car has hit me.*
—*Look where you're going, you silly girl.*

DY DRO DI

1 Say you've had a new bike

2 Say you've been for a spin

3 Ask *'Have you had tea?'*

4 Ask *'Have they come yet?'* (eto)

Rydw i wedi—*I have*	YES =
Rwyt ti wedi—*You have*	Ydw *(Yes I have)*
Mae e wedi—*He has*	Wyt *(You have)*
Mae hi wedi—*She has*	Ydy *(He/She/It has)*
Rydyn ni wedi—*We have*	Ydyn *(We have)*
Rydych chi wedi—*You have*	Ydych *(You have)*
Maen nhw wedi—*They have*	Ydyn *(They have)*

LWCUS—*lucky*
HEOL—*road*
PAFIN—*pavement*
TARO—*to hit*
NIWED—*harm, injury*
ERS AMSER—*for a while*

QUESTIONS:
ydw i/wyt ti
ydy e/ydy hi } WEDI...?
ydyn ni/ydych chi
ydyn nhw

NO = Na
OR

Nag ydw   Nag ydyn
Nag wyt   Nag ydych
Nag ydy   Nag ydyn
Nag yw

SAY WHAT YOU'VE DONE

'WEDI' is used instead of "N" or 'YN'. This is much easier than in English, where there are other changes. Compare:

Rydw i'n gwneud y gwely—*I'm doing the bed*

Rydw i wedi gwneud y gwely—*I have done the bed*

> WEDI = *has/have*
> (Ooehdee)
> You just put it before doing words:
> wedi dod—*has come*
>
> **HAS/HAVE NOT**
> **= DDIM WEDI**
> ddim wedi dod—*has not come*

6 ATEBWCH: YDY neu *(or)* NA

Ydy hi wedi cwympo?

Ydy hi wedi codi?

5 BETH SY WEDI DIGWYDD?
(Beth see ooehdee digooidd)
WHAT'S HAPPENED?

Say she's fallen

_____

She's been for a spin

_____

She's got up

_____

Nel hasn't fallen

_____

Ydy e wedi taro'r bêl?

Ydy e wedi dal y bêl?

YN Y GÊM GRICED: BETH SY WEDI DIGWYDD?

Mae Hughes wedi bowlio, mae Evans wedi taro'r bêl,
Hughes has bowled, Evans has hit the ball,
ond mae Williams wedi dal y bêl. Mae Evans mas!
but Williams has caught the ball. Evans is out!

wedi bowlio
—*has bowled*
wedi batio
—*has batted*
wedi sgorio
—*has scored*
wedi taro
—*has struck/hit*
wedi dal
—*has caught*
wedi rhedeg
—*has run*

8 BETH YDYCH CHI WEDI NEUD

(Beth uhdich chee ooehdee 'neheed

HEDDIW?

heddee?)

(What have you done today?)

Ydych chi wedi cael brecwast?

Ydych chi wedi bod i'r dre?

Ydych chi wedi siopa?

Ydych chi wedi edrych ar y teledu?

Ydych chi wedi darllen y papur?

7 ATEBWCH!

Ble mae'r bêl?

Ydy e wedi taro'r bêl?

Ydy e wedi sgorio?

Faint mae'r tîm wedi sgorio?
(How much)

Faint sy wedi batio?
(How many)

IF SOMETHING HAS JUST
HAPPENED:
Use 'NEWYDD' instead of 'WEDI',
followed by the letter changes
of Part 10.
wedi dod = *has come*
newydd ddod = *has just come*

SGÔR UCHEL—*A HIGH SCORE*
(Skohr eechehl)

How to count up from 100:

100—cant	220—dau gant dau ddeg
101—cant ac un	etc
102—cant a dau	300—tri chant
110—cant a deg	400—pedwar cant
111—cant un deg un	500—pum cant
120—cant dau ddeg	600—chwe chant
121—cant dau ddeg un	700—saith cant
130—cant tri deg	800—wyth cant
131—cant tri deg un	900—naw cant
140—cant pedwar deg	1000—mil
150—cant pum deg	or un fil
160—cant chwe deg	2000—dwy fil
170—cant saith deg	3000—tair mil
180—cant wyth deg	4000—pedair mil
190—cant naw deg	5000—pum mil
200—dau gant	6000—chwe mil
201—dau gant ac un	1,000,000—miliwn
202—dau gant a dau	
210—dau gant a deg	
211—dau gant un deg un	

e.g. **Mae'r lawnt wedi cael ei thorri.**
= *The lawn has been cut.*

YN CAEL EI WNEUD
= *is being done*

WEDI CAEL EI WNEUD
= *has been done*

> Pam wyt ti'n codi o'r bwrdd, Gwyn?

> Wi'n mynd i chwarae golff, mam.

> Nag wyt, wir! Dyw'r lawnt ddim wedi cael ei thorri, dyw'r ardd ddim wedi cael ei phalu.

—*Why are you getting up from the table, Gwyn?*
—*I'm going to play golf, mam.*
—*No indeed! The lawn hasn't been cut... the garden hasn't been dug...*

> Dyw'r torrwr ddim yn gweithio.

> Ydy, mae e wedi cael ei drwsio.

—*The mower isn't working.*
—*Yes, it's been mended.*

> O diar, mae e'n anodd— dyw'r gwair ddim wedi cael ei dorri ers mis.

> Diawch, rydw i wedi blino.

—*O dear, the grass hasn't been cut for a month.*
—*Gosh, I'm tired.*

> Hei, dere! Dyw'r gwaith ddim wedi cael ei orffen.

> Wel rydw i bron wedi cael fy lladd.

—*Hey, come on! The work hasn't been finished.*
—*Well, I've almost been killed.*

—*There aren't any flowers being grown here—only weeds.*
—*The garden has been finished now, mam.*

—*Well come here now. The clothes haven't been washed.*
—*Ta-ta to the golf for today, I suppose.*

Examples after 'talu' *(to pay)*
Rydw i'n cael fy nhalu—*I'm being paid*
Rwyt ti'n cael dy dalu—*You're being paid*
Mae e'n cael ei dalu—*He's being paid*
Mae hi'n cael ei thalu—*She's being paid*
Rydyn ni'n cael ein talu—*We're being paid*
Rydych chi'n cael eich talu—*You're being paid*
Maen nhw'n cael eu talu—*They're being paid*

NOTE THE CHANGES AFTER 'fy', 'dy' etc—The same changes as after 'fy', 'dy' etc seen in Part 18

NOT BEING DONE:
Change 'Rydw i' to 'Dydw i' etc and put 'DDIM' *(not)* before 'cael'—
Dydw i ddim yn cael fy nhalu—*I'm not being paid*

DY DRO DI

1 Say the work (gwaith) **is being done**

_____

2 Say it has been done

_____

3 Ask if it has been done
Ydy _____

4 Say the grass has been cut

_____

5 Say the clothes have been washed

_____

LAWNT—*lawn*
GWAIR—*grass*
TORRWR—*cutter, mower*
TRWSIO—*to mend*
GOLCHI—*to wash*
TORRI—*to cut, to break*
GORFFEN—*to finish*
BRON—*almost*
LLADD—*to kill*
TYFU—*to grow*
BLODAU—*flowers*

Dwyt ti ddim yn.../Dydy e ddim yn.../Dydy hi ddim yn.../Dydyn ni ddim yn.../Dydych chi ddim yn.../Dydyn nhw ddim yn...

107

TO BE OR NOT TO BE CARRIED! Cario—note the changes:

Rydw i'n cael fy nghario *I'm being carried* Rwyt ti'n cael dy gario *You're being carried* Mae e'n cael ei gario *He's being carried* Mae hi'n cael ei chario *She's being carried* Rydyn ni'n cael ein cario *We're being carried* Rydych chi'n cael eich cario *You're being carried* Maen nhw'n cael eu cario *They're being carried*	Dw i ddim yn cael fy nghario *I'm not being carried* Dwyt ti ddim yn cael dy gario *You're not being carried* Dyw e ddim yn cael ei gario *He's not being carried* Dyw hi ddim yn cael ei chario *She's not being carried* Dydyn ni ddim yn cael ein cario *We're not being carried* Dydych chi ddim yn cael eich cario *You're not being carried* Dydyn nhw ddim yn cael eu cario *They're not being carried*

Has/Have been: just replace ''n' or 'yn' by **wedi:**
Mae e wedi cael ei gario = *He's been carried*

6 Say the work hasn't been done

Say the mess (llanast) **hasn't been cleared**

Ask if the house has been painted (peintio)

Ask if the windows (ffenestri) **have been broken**

Say the floor has been cleaned (glanhau)

GAN When something is being done *by* someone, use **GAN.**
= BY Gan is followed by the letter changes given in Part 10.
Mae'r gwaith yn cael ei wneud gan ferch—*The work is being done by a girl.*

SINCE/FOR = ERS
ers pum mlynedd—*for five years*

7 Say the room hasn't been painted for five years

___

The walls haven't been papered (papuro) **for ten years**

___

Ask if the room has been cleared (clirio)

___

Ask if it has been cleaned (glanhau)

___

Ask if the floor has been hoovered (hwfro)

___

Ask if the paint has been bought

___

8 YN YR ARDD—*IN THE GARDEN*
(Uhn uhr ahrdd)

Tell her it's time for her to work

___

Tell her she'd better get up now

___

Say the garden hasn't been dug (palu)

___

Say the flowers haven't been planted (plannu)

___

Say all right, you're coming

___

YEARS! = BLYNEDD

> *2 years*—dwy flynedd
> *5 years*—pum mlynedd
> *10 years*—deng mlynedd

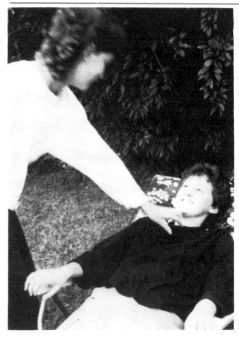

Pob hwyl = *So long*

Annwyl = *Dear*

Annwyl En,
  Yn cael amser da yn Costa Lot — môr, haul a hyncs.
  Hwyl!
  Catrin

Y Fns Enid Puw,
Yr Hafan,
Treffin,
Dyfed.

Ydyn ni'n gallu mynd i Costa Lot, mam.

Na, dim gobaith. Does dim arian gyda ni.

—Dear En, Having a good time in Costa Lot—sea, sun and hunks. Have fun! Catrin.

—Can we go to Costa Lot, Mam?
—No, no hope. We haven't got any money.

Dwi'n moyn mynd i Costa Lot. Faint mae e'n costio, Enid?

Llawer iawn. Mae wythnos mewn fflat yn costio dau gan punt, ac wythnos mewn gwesty'n costio tri chan punt.

Hei, edrychwch. Mae hysbyseb yn y papur—fflat i deulu yn Langland. Dim ond can punt am wythnos.

—I want to go to Costa Lot. How much does it cost, Enid?
—Very much. A week in a flat costs £200, and a week in a hotel costs £300.

—Hey, look. There's an advert in the paper—a flat for a family in Langland. Only £100 for a week.

—*What are you doing? You're not working?*
—*I'm writing a letter now to get the flat.*

—*August 2, 1990. Dear Mr Jones, The family and I want to stay in the flat in Langland for a week, from August 8-15. Is the flat available? Yours sincerely, Nel Puw.*

—*Ha, ha! Mam has had a shock, but she can pay, thank goodnes.*
—*Have you finished packing, Enid?*

—*O well, the sea isn't a hot as Costa Lot, but what does it matter?*
—*And Mam is happy—Costa Little.*

USEFUL PHRASES:

Diolch byth—*Thank Goodness*
Beth yw'r ots?—*What does it matter?*
Sbo—*I suppose*
Gobeithio—*I hope*
Ar gael—*available*

DY DRO DI
1 You're on holiday in Spain. Write a card home, describing the weather etc.
2 Write a letter to a hotel in Wales, asking for a room (ystafell) **for a week**

LLYTHYRAU—*LETTERS*
(Lluhthuhreh)

Ysgrifennu llythyr at ffrind

Annwyl = *dear*
Cofion gorau = *best wishes*
Cofion cynnes = *fondest regards*

gyda chariad mawr
= *with great love*

Diolch am bopeth
Thanks for everything

Pob hwyl!
All the best!

Asking a friend to stay

Annwyl Sian,
Dear Sian,
 Diolch am dy
 Thanks for your
lythyr. Mae gwyliau'r haf
letter. Summer holidays
yn dechrau ym mis
are starting in
Gorffennaf. Rydyn ni'n
July. We are
aros gartref. Wyt ti'n
staying home. Can you
gallu dod i aros gyda
come to stay with
ni? Mae digon o le
us? We have enough
gyda ni. Rydyn ni'n
room. We
gallu mynd i nofio
can go to swim
yn y pwll nofio bob dydd.
in the swimming pool every day.

siarad â = *to talk to*

Rydw i'n siarad â Huw—*I'm talking to Huw*

Ysgrifennu at = *to write to*

Rydw i'n ysgrifennu at John
 —*I'm writing to John*

ata i—*to me*	aton ni—*to us*
atat ti—*to you*	atoch chi—*to you*
ato fe—*to him*	atyn nhw—*to them*
ati hi—*to her*	

Dweud wrth—*to tell*

Rydw i'n dweud wrth Huw—*I'm telling Huw*

wrtho i—*(to) me*	wrthon ni—*(to) us*
wrthot ti—*(to) you*	wrthoch chi—*(to) you*
wrtho fe—*(to) him*	
wrthi hi—*(to) her*	wrthyn nhw—*(to) them*

Gwrando ar = *to listen to*

Rydw i'n gwrando ar y radio—*I'm listening to the radio* ['ar' usually means *'on'*]

arna i—*on me*	
arnat ti—*on you*	arnon ni—*on us*
arno fe—*on him*	arnoch chi—*on you*
arni hi—*on her*	arnyn nhw—*on them*

Edrych ymlaen at—*to look forward to*
(Ehdrich uhmlaheen at)

Siarad am—*to talk about*

Mae e'n siarad am y gêm—*He's talking about the game*

amdana i—*about me*
amdanat ti—*about you*
amdano fe—*about him*
amdani hi—*about her*
amdanon ni—*about us*
amdanoch chi—*about you*
amdanyn nhw—*about them*

Rydyn ni'n gallu
We can
mynd i'r sinema yn
go to the cinema in
y nos, a mynd i'r
the evening, and go to the
disgo yn y dre.
disco in town.
Ysgrifenna ata i
Write to me
i ddweud wyt ti'n
to say if you
gallu dod.
can come.
Rydw i'n edrych
I'm looking
ymlaen at y gwyliau,
forward to the holidays,
Cofion cynnes,
Fondest regards,
Ann

3 Write a letter to a friend, asking her to stay with you for a week in June, and suggesting what you can do—

Gofyn i = *to ask—*
Mae e'n gofyn i fi—*He's asking me*

i fi—*(to) me*   i ni—*(to) us*
i ti—*(to) you*   i chi—*(to) you*
iddo fe—*(to) him* iddyn nhw—*(to) them*
iddi hi—*(to) her*

Ysgrifennu at Hostel, Gwersyll *(Camp)* Gwesty, etc.

Annwyl = *Dear*

yn gywir, = *Yours sincerely/*
            Yours faithfully

Asking for a week's stay

Annwyl Syr,
Dear Sir,
Rydw i a'r teulu
I and the family
yn moyn aros yn y Gwersyll
want to stay in the Camp
am wythnos ym mis Awst,
for a week in August,
o Awst 1 i Awst 8.
from August 1 to August 8.
Mae un babell
We have one tent
ac un car gyda ni, a
and one car, and
dau oedolyn a thri
two adults and three
phlentyn.
children.
Oes lle gyda chi?
Have you got room?
Beth yw'r gost am wythnos?
What is the cost for a week?
Yn gywir,
Yours faithfully
Ann Huws

4 Write a letter to Nantgwrtheyrn (Welsh Centre in North Wales) asking if you and 2 friends, who are learning Welsh, can stay there for a week

SAY WHAT YOU BELIEVE

BOD = *that*

ofni bod—*afraid that*
to know that—*gwybod bod*

credu bod— { *to believe that*
meddwl bod— { *to think that*
gobeithio bod— *to hope that*

> Daro, mam, wi'n ofni bod y car wedi torri.

> Beth sy'n bod? Wyt ti'n credu bod petrol yn y car?

—*Dash, mam, I'm afraid that the car has broken.*
—*What's the matter? Do you think that there's petrol in the car?*

> Wrth gwrs! Rwy'n gwybod bod petrol yn y car.

> Wel, wyt ti'n credu bod olew yn y car?

—*Of course! I know that there's petrol in the car.*—*Well do you think there's oil in the car?*

> Oes, mae digon o olew, yn y car. Rwy'n credu bod y plygs yn iawn.

> Wyt ti'n credu bod digon o ddŵr yn y car?

—*Yes, there's enough oil in the car. I think that the plugs are fine.*
—*Do you think that there's enough water in the car?*

> Ydw, wrth gwrs. Wn i ddim beth sy'n bod.

> O wel, rydw i'n mynd i ffonio. Gobeithio bod dyn yr A.A. yn gallu trwsio'r car.

—*Yes, of course. I don't know what's the matter.*
—*O well, I'm going to phone. I hope that the AA man can repair the car.*

Pump awr yn hwyrach.

O diar!

Ydych chi'n gwybod bod dim dŵr yn y batri?

Wel, rydw i'n credu bod y batri'n fflat.

Five hours later
—*Do you know that there's no water in the battery?—O dear—Well I think that the battery is flat.*

PETROL—*petrol*   FFONIO—*to phone*
OLEW—*oil*   TRWSIO—*to mend, repair*
DŴR—*water*
BATRI—*battery*   GAREJ—   } *garage*
PLYGS—*plugs*   MODURDY }
TEIARS—*tyres*

Rydw i'n gwybod... *I know*
...bod y car yn mynd—*that the car is going*
...bod y car wedi mynd—*that the car has gone*
...bod y car ddim yn mynd—*that the car isn't going*
...bod y car ddim wedi mynd—*that the car hasn't gone*

... *That I'm going*—see next pages→

O Wel, dw i'n gobeithio bod y garej yma'n gwerthu batris.

Shell Oils

BATTERIES

—*O well, I hope that this garage sells batteries.*

DY DRO DI!

1 Say you think the car has broken down (i lawr)

2 Say you think the tyres are flat

3 Say you think there's no oil in the car

4 Say you hope there's petrol in the car

5 Say you hope there's water in the car

6 Say you're afraid that the car is old

7 Say you hope the garage is open (ar agor)

8 Say you're afraid the garage is closed (ar gau)

WHAT DO YOU BELIEVE?

credu bod = *to believe that*

> BOD or FOD
> = *that*

fy mod i'n = *that I am*	fy mod i ddim yn—*that I'm not*
dy fod ti'n = *that you are*	dy fod ti ddim yn—*that you're not*
ei fod e'n = *that he is*	ei fod ei ddim yn—*that he's not*
ei bod hi'n = *that she is*	ei bod hi ddim yn—*that she's not*
ein bod ni'n = *that we are*	ein bod ni ddim yn—*that she's not*
eich bod chi'n = *that you are*	eich bod chi ddim yn—*that you're not*
eu bod nhw'n = *that they are*	eu bod nhw ddim yn—*that they're not*

To change these to *'has'* or *'have'*, simply replace *''n'* or *'yn'* by *'wedi'*.

—fy mod i wedi—*that I have*; ein bod ni ddim wedi—*that we haven't.*

YN Y SIOE (Uhn uh shohee) *IN THE SHOW*

'Rwy'n credu dy fod
ti'n bert.'
'Wyt ti'n credu ein
bod ni'n mynd i
ennill?'
'Na, rydw i'n credu
ein bod ni'n mynd i gael ein lladd!'
(to be killed)
'O daro, dw i ddim
yn hoffi'r sioe.'

dafad—*sheep*
(dahvad)
defaid—*sheep(s!)*
mochyn—*pig*
(mochin)
moch—*pigs*
buwch—*cow*
(biooch)
buchod—*cows*
da—*cattle* (in South Wales)

tarw—*bull*
(tahroo)
teirw—*bulls*
iâr—*hen*
(eeahr)
ieir—*hens*
ceiliog—*cockerel*
(keheelyog)
ceiliogod—*cockerels*

> **BOD**
> 1 can mean *'to be'*:
> Ydych chi wedi bod yn
> y sioe? = *Have you been
> in the show?*
> 2 can mean *'that'*:
> ydych chi'n credu bod y sioe'n
> dda? *Do you think that the show is
> good?*

116

9 BETH SY'N BOD

(Beth seen bohd?)

What's the matter?

I think he's fallen

I think he has broken a leg

I hope (gobeithio) *he hasn't broken a leg*

I'm afraid that the paint's on the floor

I think that the ladder (ysgol) *slipped* (llithro)

He says that he's hurt (brifo)

PAM? = *WHY?*
Achos bod = *Because...*

I'D RATHER/PREFER

Mae'n well gyda fi. . .
(Maheen well guhda vee)

Dw i'n hoffi Caryl Parry Jones, ond mae'n well gyda fi Sobyn a'r Smaeliaid
= *I like Caryl Parry Jones, but I prefer Sobyn a'r Smaeliaid*

DYWEDWCH! *You say:*
Dw i'n hoffi _____, ond
    mae'n well 'da fi _____.
Dw i'n hoffi roc, ond mae'n
    well 'da fi _____.
Dw i'n hoffi chwarae hoci,
    ond mae'n well 'da fi _____.
Dw i'n hoffi Abertawe, ond
    mae'n well 'da fi _____.
Dw i'n hoffi jeli, ond mae'n
    well 'da fi _____.

---

mae'n well gyda fi is followed
by the letter changes of Part 10.

117

Roedd e'n dod = *He was coming*
Oedd e'n dod? = *Was he coming?*

> O diar, dewch i helpu.
>
> Beth sy wedi digwydd?
>
> Roedd lleidr yn y tŷ.

—*O dear, come to help—What's happened?*
—*There was a thief in the house.*

> Oedd e wedi dwyn rhywbeth?
>
> Roedd e wedi dwyn y teledu—wedyn roedd e wedi rhedeg i lawr yr heol.

—*Did he steal anything?*
—*He had stolen the T.V. then he had run down the road.*

> Beth ydyn ni'n gallu 'wneud, Gwyn?
>
> Oedd Mrs Jones wedi gweld y lleidr.
>
> Oedd
>
> Wel, mae syniad 'da fi.

—*What can we do, Gwyn?—Had Mrs Jones seen the thief?—Yes—Well, I have an idea.*

> Os oedd y lleidr yma'r bore 'ma, efallai bydd e'n dod nôl y prynhawn 'ma. Felly dw i'n mynd i roi'r bwced ar y drws.
>
> Syniad twp iawn.

—*If the thief was here this morning, perhaps he will come back this afternoon. Therefore I'm going to put a bucket on the door.*
—*A very daft idea.*

Dwy awr yn hwyrach.

Edrycha! Mae'r bwced wedi cwympo! Roedd y lleidr yn y tŷ'r prynhawn yma.

Ond dyw e ddim o dan y bwced.

—Two hours later
—*Look! The bucket has fallen! The thief was in the house this afternoon.*
—*But he isn't under the bucket.*

Roedd e'n dod	Roedd e wedi dod
—*He was coming*	*He had come*
Doedd e ddim yn dod	Doedd e ddim wedi dod
—*He wasn't coming*	*He hadn't come*
Oedd e'n dod?	Oedd e wedi dod?
—*Was he coming?*	—*Had he come?*
Oedd—*Yes*	Oedd—*Yes*
Na or Nag oedd } *No*	Na or Nag oedd } *No*

DIGWYDD—*happen*
LLEIDR—*thief*
DWYN—*to steal*
SYNIAD—*idea* TWP—*daft*
EFALLAI—*perhaps* HWRACH—*later*
FELLY—*therefore* BWCED—*bucket*
YN ÔL—*back* HEDDLU—*police*

Roeddwn i—*I was*
Doeddwn i ddim—*I wasn't*
—see next pages ▶▶

Edrycha, Gwyn—y gath oedd yn dod i mewn i'r tŷ!

O daro! Doedd y syniad ddim yn gweithio. Gwell i chi ffonio'r heddlu, Mrs Jones.

—*Look Gwyn—it was the cat coming in to the house!*
—*O dash! The idea wasn't working. You'd better phone the police, Mrs Jones.*

DY DRO DI

1 Say he was coming this morning

_____

2 Say he was in the house

_____

3 Ask was he here

_____

4. Say yes, and ask when was he here

_____

5 Say she wasn't here

_____

6 Say she wasn't in the car

_____

7 Ask where she was

_____

8 Say she was in the shop

_____

SAY WHERE YOU WERE

Roeddwn i—*I was* (Roheeddoon ee)	**Doeddwn i ddim**—*I wasn't* (Doheeddoon ee ddim)
Roeddet ti—*You were* (Roheeddet tee)	**Doeddet ti ddim**—*You weren't* (Doheeddeht tee ddim)
Roedd e—*He was* (Roheedd eh)	**Doedd e ddim**—*He wasn't* (Doheedd eh ddim)
Roedd hi—*She was* (Roheedd hee)	**Doedd hi ddim**—*She wasn't* (Doheedd hee ddim)
Roedden ni—*We were* (Roheeddehn nee)	**Doedden ni ddim**—*We weren't* (Doheeddehn nee ddim)
Roeddech chi—*You were* (Roheeddehch chee)	**Doeddech chi ddim**—*You weren't* (Doheeddehch chee ddim)
Roedden nhw—*They were* (Roheeddehn noo)	**Doedden nhw ddim**—*They weren't* (Doheeddehn noo ddim)

??? Cwestiynau—*Questions*

—Just knock off the first 'R': Oedd e yn y tŷ?—*Was he in the house?*

★ HAD BEEN: Simply add 'wedi': Roeddwn i wedi gorffen = *I had finished*

9 ATEBWCH!

Ble oeddech chi ddoe? _____

Pryd oeddech chi yn siopa? _____

Oeddech chi yn y dre ddoe? _____

Ble oeddech chi haf diwetha? *(last summer)* _____

Oeddech chi'n gweithio yn yr ardd ddoe? _____

ddoe—*yesterday* (ddohee)	
neithiwr—*last night* (neheethyoor)	
heno—*tonight* (hehnoh)	
bore 'ma—*this morning* (borehmah)	
y llynedd—*last year* (uh lluhnedd)	
wythnos diwetha—*last week* (ooeethnos diooehtha)	

10 Cwestiynau ar y gwyliau
Questions on the holidays:

Oeddech chi yn y Gogledd *(North)?*

Oeddech chi yn Ffrainc?

Oeddech chi'n gwersylla? *(camping)*

Oeddech chi gyda'r teulu?

Oeddech chi mewn gwesty?

Oedd y tywydd yn dda?

Oedd y bwyd yn dda?

Oedd y cwrw'n dda? *(beer)*

O'n i ddim yn y tŷ—
I wasn't in the house

O'ch chi yn y gêm?—
Were you in the game?

Where were you?
Ble oeddech chi?

Note the letter changes after 'yn' *(in)*

c → ngh!	g → ng!
p → mh!	b → m!
t → nh!	d → n!

[You've seen these before, after 'fy'—(lesson 18)]

Roeddwn i = *I was*

Caerdydd → yng Nghaerdydd
Penybont → ym Mhenybont
Talybont → yn Nhalybont
Glanllyn → yng Nglanllyn
Bangor → ym Mangor
Dinbych → yn Ninbych *(Denbigh)*

DON'T WORRY IF YOU DON'T USE THESE—YOU'LL BE UNDERSTOOD, AND MANY DON'T USE THEM ANYWAY! (NOTE HOW 'YN' has CHANGED AS WELL)

**SHORTEN THESE
WHEN SPEAKING!**

Roeddwn → Ron		Oeddwn → On	
(Rohn)		(Oen)	
Roeddet → Rot		Oeddet → Ot	
(Roht)		(Oht)	
Roedden → Ron		Oedden → On	
(Rohn)		(Ohn)	
Roeddech → Roch		Oeddech → Och	
(Rohch)		(Ohch)	

RHAN DAU DDEG CHWECH: PART TWENTY SIX
SAY WHAT YOU SHOULD!

Dylwn i = *I should*

Hoffwn i = *I would like*

→ Both followed by soft mutation—again! (see Part 10)

Hoffwn i fynd gyda thrip yr ysgol i Lundain, mam.

O'r gorau, ond dylet ti fynd i weld yr amgueddfeydd.

—*I'd like to go with the school trip to London, mam.*
—*All right, but you should go to see the museums.*

Dylen ni gael amser da yn Llundain.

Hoffwn i weld sioe.

Dylai fe fod yn sbri.

—*We should have a good time in London.*—*I'd like to see a show.*—*It should be fun.*

Hei, edrychwch! siopau mawr— hoffwn i brynu popeth.

Hyh! Mae e fel Abertawe.

Wi'n mynd i'r dafarn.

—*Hey, Look! Big shops—I'd like to buy everything.*
—*Huh! It's like Swansea.*
—*I'm going to the pub.*

Wi'n gallu gweld dau Big Ben!

Dylet ti fod yn gweld un!

—*I can see two Big Bens.*
—*You should be seeing one!*

—*Who's coming with me to the auction?*
—*I'd like, but I haven't got a lot of money left.*

—*Hey, quick! You shouldn't take a picture now! We're going to Covent Garden!—One minute. I'd like to take a picture of the shop.*

—*O dear. I should get a present for Mam and Dad.*
—*I'd like to as well, but I must get one other glass of wine.*

—*We should go to the museum to see Dali's pictures.*
—*Don't be daft. You're drunk!*
[*Literally: You've caught it.*]

AMGUEDDFA: *museum*
SBRI: *Fun*
SIOE: *show*
TAFARN: *pub*
TYNNU LLUN: *to take a picture*
ARALL: *other*
AR ÔL: *left* or *after*
WEDI MEDDWI: *drunk*
WEDI'I DAL HI: *drunk*

DY DRO DI

1 Say you'd like to go to Swansea

2 Say you'd like to buy clothes

3 Say you should go to a museum

4 Say you should buy a present

Hoffwn i—*I'd like* (hohffoon ee)	**Dylwn i**—*I should* (duhloon ee)
Hoffet ti—*you'd like* (hohffeht tee)	**Dylet ti**—*you should* (duhleht tee)
Hoffai fe—*he'd like* (hohffeh veh)	**Dylai fe**—*he should* (duhleh veh)
Hoffai hi—*she'd like* (hohffeh hee)	**Dylai hi**—*she should* (duhleh hee)
Hoffen ni—*we'd like* (hohffen nee)	**Dylen ni**—*we should* (duhlehn nee)
Hoffech chi—*you'd like* (hohffehch chi)	**Dylech chi**—*you should* (duhlech chee)
Hoffen nhw—*they'd like* (hohffehn noo)	**Dylen nhw**—*they should* (duhlehn noo)

All these are followed by the letter changes seen in Part 10.

Questions: with '**hoffwn**' just put a '?' at the end!
with '**dylwn**' change the '**d**' to '**dd**' = Ddylwn i?

Yr het 'ma = *This hat*
Yr het 'na = *That hat*
> **Hoffech chi gael yr un 'ma neu'r un 'na?**
> *Would you like to have this one or that one?*

5 Ask if she'd like to buy a hat

Say you would like to

Say you shouldn't—you haven't got enough money

Say you'd like to try another one (un arall)

Say you don't like the colour (lliw)

Say you'd like a red one

> **YOU SHOULDN'T!**
> Hoffwn i ddim =
> *I wouldn't like*
> Ddylwn i ddim =
> *I shouldn't*

> *YES* = Hoffwn *(I would like)*
> Hoffai *(He'd like)*
> Dylwn *(I should*
> Dylai *(He should)*
> etc.
> *NO* = Na

'Jiw! Hoffwn i brynu popeth yn y stryd 'ma'
'Gee! I'd like to buy everything in this street.'
'Hoffwn i aros yma am wythnos.'
'I'd like to stay here for a week.'

6 Say you should buy presents to take home

Ask what should we buy

Say you should buy something for Mam and Dad

Ask what would they like

Say Dad would like soap and Mam would like perfume (persawr)

BETH HOFFET TI WNEUD YN Y DDINAS?

Hoffwn i. . .

→ fynd i'r sinema

→ fynd i'r theatr

fynd i'r disgo   ↘ siopa trwy'r dydd
(all day)

↓ grwydro *(wander)*

↘ fynd i'r amgueddfa *(museum)*

→ fynd i'r ganolfan hamdden
(leisure centre)

↘ fwyta mewn tŷ bwyta swanc

→ yfed mewn tafarn *(pub)*

DEWISWCH CHI!—*YOU CHOOSE!*

SAY WHAT YOU DID

> Des i
> —I came

> Es i—I went
> Aethon ni—we went

> Gwelais i
> —I saw
> Gwelon ni
> —we saw

> Jiw! Ces i amser da yn y gwersyll.

> Des i adre neithiwr.

> Pryd dest ti adre o Glan-llyn?

> Gweles i'r pedwar hync o Gaerdydd—rôn nhw'n cofio atat ti.

> Beth wnaethoch chi?

—Gee! I had a good time in the camp.—When did you come home from Glan-llyn?—I came home last night.

—I saw the four hunks from Cardiff—They sent you their regards.—What did you do?

> Dydd llun, aethon ni i hwylio ar y llyn, ac es i mewn canw. Wrth gwrs, cwympes i yn y dŵr.

> Wedyn dydd Mawrth aethon ni i ddawns yn y Bala. Roedd hi'n wych.

> Aethoch chi i'r Wyddfa?

—On Monday, we went sailing on the lake, and I went in a canoo. Of course, I fell in the water.

—Then on Tuesday, we went to a dance in Bala. It was great.—Did you go to Snowdon?

Speech bubbles:

Do, ond roedd hi'n bwrw glaw, felly aethon ni i Sir Fôn, i'r lle gyda'r enw hir.

Ble arall aethoch chi?

—Yes, but it was raining, so we went to Anglesey, to the place with the long name.—Where else did you go?

Speech bubbles:

Aethon ni wedyn i weld castell Harlech, yna aethon ni i'r traeth.

Ble aethoch chi dydd Mercher?

—We went then to see Harlech castle, then we went to the beach.
—Where did you go on Wednesday?

Speech bubbles:

Welest ti Enid?

Nid o hyd? Ry'n ni'n mynd i gael bil ffôn enfawr.

Do, mae hi ar y ffôn.

—Have you seen Enid?—Yes, she's on the phone.—Not still? We're going to have a huge phone bill.

DY DRO DI...

1 Say you went to Aberystwyth

2 Say you saw the castle

3 Say you went swimming (nofio)

4 Say you went to a dance

5 Say you came home last night

GWERSYLL—*camp* HWYLIO—*to sail*
ADRE—*home* LLYN—*lake*
NEITHIWR—*last night* DAWNS—*a dance*
DDOE—*yesterday*
COFIO AT—*send regards*

★ *YES + NO*
DO = *YES* : NADDO = *NO*
Aethoch chi i'r Wyddfa?
(Did you go to Snowdon?)
DO = *YES* / NADDO = *NO*

ARE YOU PAST IT?

Saying what's happened in the past

Mynd *(to go)*
Es i—*I went*
Est ti—*you went*
Aeth e—*he went*
Aeth hi—*she went*
Aethon ni—*we went*
Aethoch chi—*you went*
Aethon nhw—*they went*

Dod *(to come)*
Put 'd' before 'es i'
Des i = *I came*
Dest ti = *you came*
etc.

Gwneud *(to do)*
Put 'gwn' before 'es i'
Gwnes i—*I did/made*
Gwnest ti—*you did*
etc.

Cael *(to have)* ★
Ces i—*I had*
Cest ti—*you had*
Cas e—*he had*
Cas hi—*she had*
Ceson ni—*we had*
Cesoch chi—*you had*
Ceson nhw—*they had*

QUESTIONS: Just put a '?' at the end, and change the first letter, if it can be changed (see Part 10)
Wnest ti'r gwaith? = *Did you do the work?*

ANSWERS: **DO** = *YES:* **NADDO** = *NO*
Est ti?—Do.   Est ti?—Naddo

YOU DIDN'T GO!
—Just put 'ddim' after 'es i' etc.—
    es i ddim—*I didn't go*
and change the first letter if it can be changed:
    ddest ti ddim—*you didn't come*

These are the changes (once again!)

C → CH	G → drops off	LL → L
P → PH	B → F	M → F
T → TH	D → DD	RH → R

YOU DIDN'T DO IT!
—Just put 'mo' after 'wnes i'
    wnes i mo fe—*I didn't do it*
    wnes i mo'r gwaith—*I didn't do the work*

'Ddaeth y post?'
'Do—fe ddaeth e.'

'FE' (with no meaning) can be put before 'daeth e' 'es i', 'cest ti' etc.

[★ You'll also hear other forms for 'cael': **cafodd e** = *he had;* **cawson ni**—*we had*]

6 DENY EVERYTHING!

Wnest ti'r llanast *(mess)?*

Wnest ti'r gwely?

Est ti i siopa?

Wnest ti ginio?

Gest ti fwyd?

OTHER DOING WORDS CAN
BE USED IN THE SAME WAY
—knock off the last 'i', 'o' or 'u',
and put in the endings.

—es i★	—on ni
—est ti	—och chi
—odd e	—on nhw
—odd hi	★'es i' can also be 'ais i'

codi—codes i	clywed—clywes i
cysgu—cysges i	hoffi—hoffes i
cicio—cicies i	prynu—prynes i
ysgrifennu—ysgrifennes i	talu—tales i
bwyta—bwytes i	bod—bues i
yfed—yfes i	
cerdded—cerddes i	
golchi—golches i	
darllen—darllenes i	
chwarae—chwaraeais i	
gwrando—gwrandawes i	

THESE FOLLOW THE SAME RULES
FOR QUESTIONS AND SAYING 'NO'
AND 'YES'

7 BLE EST TI DDOE?

Ble est ti ddoe?

Beth wnest ti ddoe?

Brynest ti rywbeth *(anything)?*

Welest ti rywun *(someone)?*

NOTE: THESE ARE FOLLOWED BY A LETTER CHANGE (see Part 10)
C → G etc.
Bwyd → Fwyd = Gest ti fwyd?   Prynes i gar

> Bydd = (there) will

> Bydda i—*I will*
> Bydd e—*he will*

> Byddwn ni —*we will*

> A! Mae'r Cymro wedi dod. Beth fydd yn y papur yr wythnos 'ma?

> Fydd dim byd, fel arfer, sbo, mam.

—*Ah! The 'Cymro' has come. What will be in the paper this week?—There'll be nothing, as usual, I suppose.*

> Ond bydd rhaid ateb tri chwestiwn.

> Hei! Edrycha-cystadleuaeth. Bydd yr enillydd yn cael radio.

—*Hey! Look—a competition. The winner will get a radio.—But 3 questions will have to be answered.*

> Beth yw'r cwestiynau?

> Un: Fydd 2,000 yn flwyddyn naid?
> Dau: Ble bydd yr Eisteddfod nesa?
> Tri: Pwy ysgrifennodd 'Cymru Fydd?'

—*What are the questions?*
—*1: Will 2000 be a leap year?*
2: Where will the Eisteddfod be next year? 3: Who wrote 'Cymru Fydd' ('Wales Will Be')?

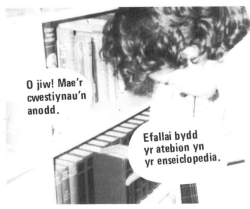

> O jiw! Mae'r cwestiynau'n anodd.

> Efallai bydd yr atebion yn yr enseiclopedia.

—*O gee! The questions are difficult.*
—*Perhaps the answers will be in the encyclopedia.*

Wythnos yn hwyrach.

Byddwn ni'n ennill y radio!

Jiw! Edrychwch! Rydyn ni wedi ennill.

—*A week later.*
—*Gee! Look! We have won.*
—*We'll win the radio!*

Bydda i—*I will*
Byddi di—*you will*
Bydd e—*he will*
Bydd hi—*she will*
Byddwn ni—*we will*
Byddwch chi—*you will*
Byddan nhw—*they will*

? Fydd e'n dod?
    Yes—**Bydd**
    No—**Na** (fydd)

? Fyddwch chi'n dod?
    Yes—**Bydda** *(I will)*
    No—**Na** (fydda) *(I won't)*

To ask questions, change the first 'B' to an 'F'.

Mae'r radio'n newydd, ond does dim byd newydd ar y radio!

Bydd haul yn y bore, wedyn bydd hi'n oer ac yn wyntog, a bydd hi'n bwrw glaw yn y nos ym mhobman.

—*The radio's new, but there's nothing new on the radio.*
—*There will be sun in the morning, then it will be cold and windy, and it will rain in the night everywhere.*

DY DRO DI

1 Say it will rain today

---

2 Ask if it will be cold today

---

3 Say yes, then say it will rain in the night

---

4 Say there will be sun in the morning

---

5 Say what you'll be doing today:
Bydda i'n _____
6 Say where you're going in the holidays

WHAT'S GOING TO HAPPEN? — OR WON'T HAPPEN

You can put 'fe' before
'bydda i' etc., without
any change in meaning—it
just sounds nice!

Fe fydda i—*I will*
Fe fyddi di—*You will*

Fydda i ddim—*I won't*
Fyddi di ddim—*you won't*
Fydd e ddim—*he won't*
Fydd hi ddim—*she won't*
Fyddwn ni ddim—*we won't*
Fyddwch chi ddim—*you won't*
Fyddan nhw ddim—*they won't*

'Beth fydd yn digwydd i fi?'
What will happen to me?
'Byddwch chi'n mynd i wlad bell.'
You'll go to a far country.
'Byddwch chi'n priodi.'
You'll get married.
'Fe fyddwch chi'n ennill llawer o arian.'
You'll earn a lot of money.
'Fe fyddwch chi'n ei wario fe.'
You'll spend it.

Jiw! Sut mae
hi'n gwybod
popeth?
*[Gee! How does she
know everything?]*

Mae hi wedi ei
weld e i gyd
o'r blaen.
*[She's seen it
all before.]*

'Beth fydd i ginio?'
'Fydd rhywbeth neis?'
'Na fydd!' [or just 'Na!']
'Bysedd pysgod unwaith eto.'
(Fish fingers once again.)

7 ATEBWCH!

os = *if*

Beth fyddwch chi'n wneud yfory os bydd hi'n braf?

Beth fyddwch chi'n wneud os bydd hi'n bwrw glaw?

Ble byddwch chi'n mynd yn y gwyliau?

Ble byddwch chi'n aros?

Fyddwch chi'n mynd i'r cyfandir *(to the continent)* eleni *(this year)?*

Beth fyddwch chi'n wneud heno?

'Bydda i'n cysgu!'

---

nos yfory—*tomorrow night*
(nos uhvohree)
y flwyddyn nesa—*next year*
(uh vlooeeddin nehssa)
yfory—*tomorrow*
(uhvoree)
eleni—*this year*
(ehlehnee)

SIARADWCH!/*TALK!*
(Sharahdooch)

Find someone else who's learning Welsh and talk! Here are some starting points:

1 Beth ydych chi'n hoffi 'neud?
2 Ble rydych chi'n hoffi mynd yn y gwyliau?
3 Ydych chi'n hoffi canu pop?
4 Beth ydych chi'n hoffi 'fwyta?
5 Disgrifiwch *(describe)* eich teulu.
6 Ble rydych chi'n byw?
7 Beth ydych chi'n hoffi yn yr ysgol?
8 Ydych chi'n hoffi chwaraeon?
9 Pa raglenni *(programmes)* ydych chi'n hoffi?
10 Ydych chi'n hoffi ffilmiau?
11 Beth ydych chi'n 'ddarllen?
12 Beth ydych chi'n prynu â'ch arian chi?

YR ANTHEM GENEDLAETHOL
(The National Anthem)

Mae hen wlad fy nhadau yn annwyl i mi,
Gwlad beirdd a chantorion, enwogion o fri,
Ei gwrol ryfelwyr, gwladgarwyr tra mad,
Tros ryddid collasant eu gwaed.
　　Gwlad! Gwlad!
　　Pleidiol wyf i'm gwlad.
　　Tra môr yn fur i'r bur hoff bau,
　　O bydded i'r hen iaith barhau.

The land of my fathers is dear to me,
Land of bards and singers, famous men of renown,
Its brave warriors, so good patriots,
For freedom they lost their blood.
　　Land! Land!
　　I am faithful to my land.
　　While sea is a wall to the pure, dear country,
　　O let the old language continue.

SOME WORDS ARE DIFFERENT IN NORTH AND SOUTH WALES. HERE ARE THE MOST COMMON ONES:

SOUTH	NORTH	MEANING
Shw mae (shoo mahee) **Shwd ych chi?** (shood eech chee)	**Sut dach chi?** (sit dach chee)	*How are you?*
Beth yw'r amser? (behth ioor ahmser)	**Faint o'r gloch ydy hi?** (vaheent or gloch uhdee hee)	*What's the time?*
mae. . . 'da fi (mahee. . . dah vee)	**mae. . . gen i** (mahee. . . gehn ee)	*I have. . .*
cerwch! (kerooch)	**ewch!** (ehooch)	*go!*
dere (dehreh)	**tyrd** (tird)	*come!*
cer! (kehr)	**dos!** (dohs)	*go!*
moyn (moheen)	**eisiau** (eesho)	*want*
eisiau (eesheh)	**eisiau** (eheesho)	*want*
menyw (menioo)	**dynes** (duhnes)	*woman*
merch (mehrch)	**geneth** (genehth)	*girl*
mam-gu (mam-gee)	**nain** (naheen)	*grandmother*
tad-cu (tad-kee)	**taid** (taheed)	*grandfather*
teisen (teeshehn)	**cacen** (kahkehn)	*cake*
llaeth (llahth)	**llefrith** (llevrith)	*milk*
dysgled o de (dishglehd o deh)	**paned o de** (panad o deh)	*a cup of tea*
losin (loshin)	**fferins** (fferins)	*sweets*

stafell wely (stahvell wely)	**llofft** (llohfft)	*bedroom*
ffwrn (ffoorn)	**popty** (poptee)	*oven*
bord (bord)	**bwrdd** (boordd)	*table*
e (fe) eh (veh)	**o (fo)** o (vo)	*he/him*
nawr (nahoor)	**rwan** (rooahn)	*now*
arian (aryan)	**pres** (prehs)	*money*
yn glou (uhn gloy)	**yn gyflym** (uhn guhvlim)	*quickly*
mas (mahs)	**allan** (allahn)	*out*
tu fas (tee vahs)	**tu allan** (tee ahllan)	*outside*
gyda (guhda)	**efo** (ehvo)	*with*
dod (dohd)	**dwad** (dooahd)	*come*
cwympo (kooimpo)	**syrthio** (suhrthyo)	*fall*
dwy funud (dooee vinid)	**dau funud** (dahee vinid)	*two minutes*
tost (tohst)	**sâl** (sahl)	*ill*
pen tost (pehn tohst)	**cur pen** (keer pehn)	*headache*
brwnt (broont)	**budr** (bidr)	*dirty*
cwt (koot)	**cynffon** (kuhnffon)	*tail*

Remember: you can use 'wi' or 'Rydw i' or 'Rwy'n' for *'I am'*

RHAN/*Part* 1

1. Helo. Mrs Jones ydw i. Rydw i'n bedwar deg.
2. 'Helo, Mrs Puw.'
   'Helo, Mrs Jones.'
   'Mrs Puw ydw i.'
   'Mrs Jones ydw i.'
   'Rydw i'n dri deg.'
   'Rydw i'n bedwar deg.'
   [example]
3. 'Helo.'
   'Shwmae. Pwy wyt ti?'
   'Huw ydw i.'
   'Siân ydw i.'
   'Ble rwyt ti'n byw?'
   'Rydw i'n byw yn Llanelli. Ble rwyt ti'n byw?'
   'Wi'n byw yn Abertawe.'
   'Beth wyt ti'n neud?'
   'Wi yn yr ysgol.'
   'Wi yn yr ysgol hefyd *(also).*'

RHAN 2

1. Rydw i'n codi or **Wi'n codi**
   Rydw i'n ymolchi
   Rydw i'n gwisgo
   Rydw i'n bwyta
   Rydw i'n yfed
2. *[examples]*
   Rydw i'n bwyta tost
   Rydw i'n yfed llaeth
   Rydw i'n golchi'r llestri
   Rydw i'n gwneud brecwast
   Rydw i'n darllen y papur
   Rydw i'n gwrando ar y radio
3. 'Rydw i'n darllen'
   'Rydw i'n bwyta'
   'Rydw i'n yfed'
4. Beth mae Enid yn 'neud?
   —Mae hi'n darllen
   Beth mae Nel yn 'neud?
   —Mae hi'n bwyta
   Beth mae Mam yn 'neud?

   —Mae hi'n yfed
5. Rydw i'n bwyta Cornflakes [e.g.]
6. Rydw i'n yfed te [e.g.]
7. Rydw i'n codi
   Rydw i'n ymolchi
   Rydw i'n gwisgo
   Rydw i'n bwyta brecwast
   Rydw i'n yfed te
   Rydw i'n darllen y papur
   Rydw i'n gwrando ar y radio
8. Mae e'n darllen
   Mae hi'n darllen y papur
   Mae hi'n golchi llestri
   Mae hi'n cysgu

RHAN 3

1. Rydw i'n hoffi chwarae
   Rydw i'n hoffi cysgu
   Rydw i'n hoffi darllen
2. Rydw i'n moyn yfed coffi
   Rydw i'n moyn yfed llaeth
   Rydw i'n moyn yfed dŵr
   Rydw i'n moyn yfed pop
3. ATEBWCH
   (examples)
   Ydw, rydw i'n gallu nofio
   Na, dydw i ddim yn gallu gyrru car (see Rhan 4)
   Ydw, rydw i'n gallu reidio beic.
   Ydw, rydw i'n gallu coginio
4. (example)
   'Ydych chi'n moyn yfed te i frecwast?'
   'Ydw'
   'Ydych chi'n moyn bwyta tost?'
   'Ydw. Ydych chi'n moyn mynd i'r dref?'
   'Ydw. Rydw i'n moyn prynu cot newydd.'
5. Wyt ti'n hoffi prynu casetiau?
   Wyt ti'n hoffi prynu recordiau?
   Wyt ti'n hoffi gwrando ar recordiau?
   Wyt ti'n hoffi gwrando ar y radio?
   —Ydw   //—Na
   ['Ydych chi' could be used instead of 'Wyt ti' if

you were talking to someone you didn't know well.]

RHAN 4
1. Rydw i'n moyn codi
   Rydw i'n moyn cysgu
   Rydw i'n moyn gwisgo
   Rydw i'n moyn bwyta
   Rydw i'n moyn yfed
   Dydw i ddim yn moyn codi
   Dydw i ddim yn moyn cysgu
   Dydw i ddim yn moyn gwisgo
   Dydw i ddim yn moyn bwyta
   Dydw i ddim yn moyn yfed
2. [examples]
   Rydw i'n hoffi mêl
   Dydw i ddim yn hoffi marmalêd
   Rydw i'n hoffi siwgr
   Rydw i'n hoffi tost
   Rydw i'n hoffi pop
   Rydw i ddim yn hoffi te.
   Dydw i ddim yn hoffi te
   Dydw i ddim yn hoffi coffi
   Rydw i'n hoffi llaeth
   Rydw i'n hoffi afalau
   Rydw i'n hoffi orennau
3. [Examples]
   Ydw, rydw i'n dod i gael brecwast.
   Ydw, rydw i'n moyn brecwast
   Na, dydw i ddim yn moyn codi
   Na, dydw i ddim yn moyn dod i'r dre
   Rydw i'n moyn darllen
   Ydw, rydw i'n moyn cwpaned o de yn y gwely
4. [Examples]
   Ydw, rydw i'n hoffi edrych ar y teledu
   Ydw, rydw i'n hoffi edrych ar ffilmiau
   Ydw rydw i'n hoffi edrych ar rygbi
   Na, dydw i ddim yn hoffi sebon
   Ydw, rydw i'n hoffi cartwnau
   Rydw i'n hoffi chwaraeon *(sport)*

RHAN 5
1. Mae rhywun yn yfed
   Mae rhywun yn nofio
   Mae rhywun yn mynd
   Mae rhywun yn dod
   Mae rhywun yn ennill
   Mae rhywun yn gwerthu

2. Ydy, mae hi'n oer iawn
   Ydy, mae hi'n dwym iawn
   Ydy, mae hi'n heulog iawn
   Ydy, mae hi'n niwlog iawn
   Ydy, mae hi'n gymylog iawn
3. Ydy hi'n bwrw glaw heddiw?
   Ydy hi'n gymylog heddiw?
   Ydy hi'n bwrw eira heddiw?
   Ydy hi'n niwlog heddiw?
   Ydy hi'n wyntog heddiw?
4. Mae hi'n rhy oer
   Mae hi'n rhy wlyb
   Mae hi'n rhy niwlog
   Mae hi'n rhy wyntog
   Mae hi'n rhy gymylog
   Mae hi'n rhy braf
5. Dyw hi ddim yn wlyb
   Dyw hi ddim yn dwym
   Dyw hi ddim yn gymylog
   Dyw hi ddim yn braf
   Dyw hi ddim yn bwrw glaw
   Dyw hi ddim yn bwrw eira
   Dyw hi ddim yn piso glaw

RHAN 6
1. Mae tipyn bach gyda fi
   Mae digon gyda fi
   Mae llawer gyda fi
2. Oes digon o gig gyda chi?
   Oes digon o bys gyda chi?
   Oes digon o grefi gyda chi?
3. (Example)
   'Oes digon o datws gyda ti, Mam?'
   'Oes, diolch. Mae gormod gyda fi.'
   'Oes digon o bys gyda ti, Mam?'
   'Oes, mae gormod o bys gyda fi, ond rydw i'n moyn tipyn bach o gig.'

RHAN 7
1. Mae e wrth y sgwâr
   Maen nhw ar y sgwâr
   Mae e wrth y goleuadau traffig
   Mae hi ar y stryd fawr

RHAN 8
1. Ydy hi yn yr ardd?
   Ydy hi yn y cwt?
   Ydy hi yn y sied?

2. Dyw hi ddim yn yr ardd
   Dyw hi ddim yn y cwt
   Dyw hi ddim yn sied
3. Mae hi yn yr ardd
   Mae hi yn y cwt
   Mae hi yn y sied
4. Na, dyw e ddim fan'na
   Na, dyw e ddim fan'na
   Na, dyw e ddim fan'na
   Ydy, mae e fan'na
5. Ydy hi wrth y jwg?
   Ydy hi ar y llawr?
   Ydy hi wrth y llyfrau?
   Ydy hi ar y chwaraewr recordiau?
6. (Examples)
   Ydy hi yn y drôr?
   —Na, dyw hi ddim fan'na
   Ydy hi yn y pram?
   —Na, dyw hi ddim fan'na
   Ydy hi yn y cwpwrdd?
   —Ydy, mae hi fan'na

RHAN 9
1. Ydych chi'n moyn mynd i'r sinema?
   Ydych chi'n moyn mynd i'r theatr?
   Ydych chi'n moyn mynd i'r disgo?
   Ydych chi'n moyn mynd i'r ddrama?
   Ydych chi'n moyn mynd i'r gêm?
2. [Examples]
   Rydyn ni'n moyn mynd i Ffrainc mewn car
   Rydyn ni'n moyn mynd i'r Almaen mewn trên
   Rydyn ni'n moyn mynd i'r Eidal mewn awyren
   Rydn ni'n moyn mynd i Iwerddon mewn llong
3. Pwy sy'n dod i'r sinema?
   Pwy sy'n dod i'r gêm?
   Pwy sy'n dod i'r theatr?
   Pwy sy'n dod i'r ysgol?
   Pwy sy'n dod i weld mam-gu?
   Pwy sy'n dod i weld tad-cu?
4. Beth sy ar y radio bore 'ma?
   Beth sy ar y radio prynhawn 'ma?
   Beth sy ar y radio heno?
5. Newyddion
   Dinas
   O Bedwar Ban

RHAN 10
1. Rydw i'n moyn gwneud brecwast
   Rydw i eisiau llaeth
   Rydw i eisiau siwgr
   Rydw i eisiau wy
   Rydw i eisiau bara menyn
   Ble mae'r tost?
   Mae e ar y bwrdd
2. Beth sy gyda ti?
   Beth sy gyda ni?
   Beth sy gyda nhw?
   Beth sy gyda fi?
   Beth sy gyda chi?
3. Beth sy gyda ni i de?
   Beth sy gyda ni i frecwast?
   Beth sy gyda ni i swper?
4. Pwy sy'n dod i de?
   Pwy sy'n dod i ginio?
   Pwy sy'n dod i aros?

RHAN 11
1. Abertawe
   Penybont
   Penybont
   Abertawe
2. (Examples)
   Rydw i'n hoffi chwarae rygbi
   Ydw, rydw i'n hoffi chwarae hoci
   Na, rydw i'n chwarae pêl-droed i'r ysgol
   Na, dw i ddim yn hoffi chwarae pêl-rwyd
   Ydw, rydw i'n hoffi chwarae pêl-droed

RHAN 12
1. Maen nhw'n dod heddiw
   Maen nhw'n dod yfory
   Maen nhw'n byw yn America
   Dyn nhw ddim yn byw yn Llanelli
   Maen nhw'n aros mewn gwesty
   Dyn nhw ddim yn aros yn y tŷ
2. Faint o fara sy gyda ni?
   Faint o laeth sy gyda ni?
   Faint o gig sy gyda ni?
   Faint o bop sy gyda ni?
   Faint o greision sy gyda ni?
3. Maen nhw'n canu penillion mewn côr
4. Mae hi'n adrodd
5. Maen nhw'n dawnsio
6. Maen nhw'n canu mewn grŵp.

RHAN 13
1. Pryd mae Brookside ar y teledu?
2. Mae e am chwech o'r gloch
3. Pryd mae Countdown ar y teledu?
4. Mae e am ddau o'r gloch
5. Pryd mae Snwcer ar y teledu?
6. Mae e am hanner awr wedi dau

2. Mae hi'n dri o'r gloch
   Mae hi'n bum munud wedi pedwar
   Mae hi'n bum munud ar hugain i chwech
   Mae hi'n ddeg munud i saith
   Mae hi'n hanner awr wedi pedwar
   Mae hi'n bum munud ar hugain i ddau
   Mae hi'n ugain munud wedi wyth
   Mae hi'n ddeg munud wedi deg
   Mae hi'n hanner awr wedi deg
   Mae hi'n naw o'r gloch
3. Mae'r newyddion am chwech o'r gloch
   Mae Pobol y Cwm am hanner awr wedi chwech
   Mae Dinas am wyth o'r gloch
   Mae Wil Cwac Cwac am chwarter wedi chwech
   Mae Dechrau Canu Dechrau Canmol am ddeg
   munud i naw
   Mae Hafoc am ddeg munud wedi chwech
   Mae O Bedwar Ban am chwarter i saith
   Mae Siôn Blewyn Coch am bum munud wedi
   chwech

RHAN 14
1. Mae pen tost gyda fi
2. Mae llwnc tost gyda fi
3. Mae gwres gyda fi
4. Mae bola tost gyda fi
5. Maen nhw'n siopa
6. Mae e'n chwarae Monopoly
7. Mae hi'n mynd mas
8. Mae hi'n ffonio
9. Mae hi'n bwyta
10. Oes, mae ci gyda fi
    Oes, mae cwningen gyda fi
    Oes, mae pysgodyn gyda fi
    Oes, mae ceffyl gyda fi
    or
    Na, does dim ci gyda fi
    Na, does dim cwningen gyda fi
    Na, does dim pysgodyn gyda fi
    Na, does dim ceffyl gyda fi
11. (Examples)

Ydw, wi'n moyn cael cath
Na, dwi ddim yn moyn cael cwningen
Na, dwi ddim yn moyn cael pysgodyn
Ydw, wi'n moyn cael ceffyl

RHAN 15
1. Mae rhaid i fi wneud project
2. Mae rhaid i fi wneud Cymraeg
3. Mae rhaid i fi wneud Ffiseg
4. Oes rhaid i fi olchi'r llestri? Oes
5. Ydy'n well i fi ddal y bws? Ydy
6. Mae'n bryd i chi godi!

RHAN 16
1. Coda/Codwch
2. Dere/Dewch
3. Eistedda/Eisteddwch
4. Arhosa/Arhoswch
5. Dechreua/Dechreuwch
6. Dere â'r bwyd/Dewch â'r bwyd
7. Cer â'r platiau/Ewch â'r platiau
8. Tro'r radio bant!
9. Tro'r teledu bant!
10. Trowch y golau bant!
11. Tala bum deg punt
    note → the change after tala:
    pum → bum
12. Tro'r tân bant!
13. Cana'r gloch eto!
14. Cer â'r gadair i'r tŷ!
15. Peidiwch aros tu fas, dewch mewn
16. Paid yfed a gyrru

RHAN 17
1. Mae car newydd gyda fi
2. Mae tŷ neis gyda fi
3. Mae tŷ bach gyda fi
4. Mae Cymraeg yn anodd
5. Mae Cymraeg yn hawdd.
6. Iawn, diolch
   Yn dda iawn
   Gweddol
   A chi?
7. Menyw dal
   Merch fach
   Sgert ddu
   Het fawr
   Esgidiau du

Hosanau gwyn
Sgertiau byr
Siacedi bach
8. Maen nhw'n gwisgo sgertiau gwyn, hetiau uchel,
   siacedi bach, hosanau gwyn, esgidiau du

RHAN 18

1. Mae gwallt hir gyda fe, mae coesau tenau *(thin)*
   gyda fe, ac mae e'n rhedeg yn gyflym
2. Mae ei thrwyn hi'n fach, mae ei llygad hi'n wyrdd,
   ac mae ei choesau hi'n ddu a gwyn
3. Mae gwallt du gyda fi, mae llygaid glas gyda fi,
   mae coesau siapus gyda fi ac mae 'nhrwyn i'n fyr
4. Mae gwallt du gyda hi, a llygaid brown, ac mae
   hi'n gwisgo blows las

RHAN 19

1. Rydw i'n gallu ei wneud e
2. Rydw i'n gallu ei godi e
3. Rydw i'n gallu ei helpu hi
4. Rydw i'n gallu ei glirio fe
5. Rydw i'n gallu ei brynu e
6. Wyt ti'n ei hoffi e?
   Na, dw i ddim yn ei hoffi e
   Wyt ti'n gallu ei roi e i'r gath?
   Ydw, rydw i'n ei roi e iddi hi
7. Dw i ddim yn gallu ei ganu e
   Rydw i'n moyn ei ddysgu e
   Rydw i'n gallu ei ganu e'n dda
   Rydw i'n ei hoffi e
   Rydw i'n moyn canu'r gitâr

RHAN 20

1. Ga i brynu Old Kent Road
2. Na, mae e gyda fi
3. Ga i rent o £50
4. Cei, ga i newid?
5. Ga i brynu tŷ?
6. Cci, mae e'n costio can punt
7. Ga i chwarae?
8. Cei, wrth gwrs
9. Ga i dorth o fara gwyn a thorth o fara brown?
   Cewch, wrth gwrs
10. Ga i becyn o de, a phecyn o fisgedi?
    Cewch, wrth gwrs
11. Ga i bum pwys o datws, a photel o bop?

RHAN 21

1. Rydw i wedi cael beic newydd
2. Rydw i wedi bod am dro
3. 'Ydych chi wedi cael te?'
4. 'Ydyn nhw wedi dod eto?'
5. Mae hi wedi cwympo
   Mae hi wedi mynd am dro
   Mae hi wedi codi
   Dyw Nel ddim wedi cwympo
6. Ydy, mae hi wedi cwympo
   Ydy, mae hi wedi codi
   Ydy, mae e wedi taro'r bêl
   Ydy, mae e wedi dal y bêl
7. Mae'r bêl wrth droed y batiwr
   or Mae'r bêl ar y cae *(field)*
   Na, dyw e ddim wedi taro'r bêl
   Na, dyw ei ddim wedi sgorio
   Mae'r tîm wedi sgorio pedwar deg chwech
   Wyth sy wedi batio
8. [Examples]
   Ydw, rydw i wedi cael brecwast
   Na, dw i ddim wedi bod i'r dre
   Na, dw i ddim wedi siopa
   Ydw, dw i wedi edrych ar y teledu
   Ydw, dw i wedi darllen y papur

RHAN 22

1. Mae'r gwaith yn cael ei wneud
2. Mae e wedi cael ei wneud
3. Ydy e wedi cael ei wneud?
4. Mae'r gwair wedi cael ei dorri
5. Mae'r dillad wedi cael eu golchi
6. Dyw'r gwaith ddim wedi cael ei wneud
   Dyw'r llanast ddim wedi cael ei gliro
   Ydy'r tŷ wedi cael ei beintio?
   Ydy'r ffenestri wedi cael eu torri?
   Mae'r llawr wedi cael ei lanhau
7. Dyw'r ystafell ddim wedi cael ei pheintio ers pum
   mlynedd
   Dyw'r waliau ddim wedi cael ei papuro ers deng
   mlynedd
   Ydy'r ystafell wedi cael ei chlirio?
   Ydy hi wedi cael ei glanhau?
   Ydy'r llawr wedi cael ei hwfro?
   Ydy'r paent wedi cael ei brynu?
8. Mae'n bryd i ti weithio
   Dyw'r gwair ddim wedi cael ei dorri ers mis
   Mae'n well i ti godi nawr

Dyw'r ardd ddim wedi cael ei phalu
Dyw'r blodau ddim wedi cael eu plannu
Iawn, wi'n dod

RHAN 23

1. (Example)
   Annwyl Dad a Mam,
     Mae'r tywydd yn boeth,
   mae'r môr yn dwym
   ac mae'r bwyd yn
   flasus *(tasty)*
      Pob hwyl,
       Sion

2. (Example)
   Annwyl Syr,
     Rydw i'n
   moyn cadw lle yn y
   gwesty am wythnos.
     Rydw i'n
   moyn ystafell sengl
   (single), os gwelwch yn
   dda, o Awst 8 i
   Awst 15.
     Oes ystafell
   ar gael?
      Yn gywir,
      Sion Hughes

3. (Example)
   Annwyl Blodwen,
     Sut
   wyt ti? Rydw i'n iawn,
   diolch. Mae wythnos o
   wyliau gyda ti ym mis
   Mehefin. Wyt ti'n
   gallu dod i aros gyda
   fi? Rydyn ni'n gallu
   mynd am dro yn y
   wlad *(in the country)* neu
   rydn ni'n gallu mynd
   i nofio yn y môr.
     Mae gwyliau gyda
   fi o Fehefin 7-14.
   Ysgrifenna i ddweud
   wyt ti'n gallu dod.
      Cofion cynnes,
      Mari.

4. (Example)
   Annwyl Syr,
     Rydw i

a dau ffrind yn dysgu
Cymraeg. Rydyn ni'n
moyn dod i Nantgwrtheyrn
am wythnos ym mis
Awst.
  Oes lle gyda
chi? Beth yw'r gost?
   Yn gywir,
   Sioned Evans.

RHAN 24

1. Wi'n credu bod y car wedi torri i lawr
2. Wi'n credu bod y teiars yn fflat
3. Wi'n credu bod dim olew yn y car
4. Wi'n gobeithio bod petrol yn y car
5. Wi'n gobeithio bod dŵr yn y car
6. Wi'n ofni bod y car yn hen
7. Wi'n gobeithio bod y garej ar agor
8. Wi'n ofni bod y garej ar gau
9. Dw i'n credu ei fod e wedi cwympo
   Dw i'n credu ei fod e wedi torri coes
   Gobeithio ei fod e ddim wedi torri coes
   Dw i'n ofni fod y paent ar y llawr
   Dw i'n credu fod yr ysgol wedi llithro
   Mae e'n dweud ei fod e wedi brifo

RHAN 25

1. Roedd e'n dod bore 'ma
2. Roedd e yn y tŷ
3. Oedd e yma?
4. Oedd, pryd oedd e yma?
5. Doedd hi ddim yma
6. Doedd hi ddim yn y car
7. Ble oedd hi?
8. Roedd hi yn y siop
9. (Examples)
   Roeddwn i yn Abertawe ddoe
   Roeddwn i'n siopa dydd Sadwrn
   Oeddwn, roeddwn i'n siopa
   Roeddwn i yn yr Almaen haf diwetha
   Na, doeddwn i ddim yn yr ardd
10. (Examples)
    Na, doeddwn i ddim yn y gogledd
    Oeddwn, roeddwn i'n gwersylla
    Na, doeddwn i ddim gyda'r teulu
    Na, doeddwn i ddim mewn gwesty
    Oedd, roedd y tywydd yn dda iawn
    Oedd, roedd y bwyd yn dda
    Na, doedd y cwrw ddim yn dda

RHAN 26

1. Hoffwn i fynd i Abertawe
2. Hoffwn i brynu dillad
3. Dylwn i fynd i amgueddfa
4. Dylwn i brynu anrheg
5. Hoffech chi brynu het?
   Hoffwn
   Ddylwn i ddim—does dim digon o arian gyda fi
   Hoffwn i drio un arall
   Dw i ddim yn hoffi'r lliw
   Hoffwn i gael un goch
6. Dylen ni brynu anrhegion i fynd adre
   Beth ddylen ni brynu?
   Dylen ni brynu rhywbeth i Mam a Dad
   Beth hoffen nhw?
   Hoffai Dad gael sebon, a hoffai Mam gael
   persawr

RHAN 27

1. Es i i Aberystwyth
2. Gweles i'r castell
3. Es i i nofio
4. Es i i ddawns
5. Des i adre neithiwr
6. Naddo, wnes i mo fe
   Naddo, wnes i mo fe
   Naddo, wnes i mo fe
   Naddo, es i ddim
   Naddo, wnes i mo fe
   Naddo, ches i ddim bwyd
7. Es i i'r dre ddoe (example)
   Siopes i ddoe
   Fe brynes i fwyd
   Naddo, weles i neb *(no one)*

RHAN 28

1. Bydd hi'n bwrw glaw heddiw
2. Fydd hi'n oer heddiw?
3. Bydd, bydd hi'n bwrw glaw yn y nos
4. Bydd haul yn y bore
5. Bydda i'n siopa (example)
6. Bydda i'n mynd i Sbaen (example)
7. Examples
   Bydda i'n nofio yn y môr
   Bydda i'n aros yn y tŷ
   Bydda i'n mynd i Ffrainc
   Bydda i'n aros mewn gwersyll
   Bydda, bydda i'n mynd i'r cyfandir eleni
   Bydda i'n mynd i'r sinema

VOCABULARY
Cymraeg-Saesneg

When using this vocabulary, remember:

1. The Welsh word may be mutated (see page 52). Look up the original sound.

2. Some letters in Welsh seem to be in a different order from English, because **ch, dd, ff, ng, ll, ph, rh, th** are single letters. Look up the words in the order of the Welsh alphabet: **a b c ch d dd e f ff g ng h i j l ll m n o p ph r rh s t th u w y.**

3. **m.** = masculine; **f.** = feminine. Plural of nouns is put in brackets, e.g., **ysgol** (f.**-ion**)—school: schools = **ysgolion. v** = verb.

A

a—and
â—with
aber—mouth of river
ac ati—and so on
actio—to act
actor (m.**-ion**)—actor
achos (m.**-ion**)—cause; **achos da** —a good cause
adeg (f.**-au**)—period
adeilad (m.**-au**)—building
adeiladu—to build
aderyn (m.**adar**)—bird
adfail (m.**adfeilion**)—ruin
adnabod—to know, recognise
adre (f.)—homewards, home
addo—to promise
afal (m.**-au**)—apple
afon (f.**ydd**)—river
agor—to open; **ar agor**—open
agored—open
agos—near
anghofio—to forget
alaw (f.**-on**)—tune, melody
am—for
amgueddfa (f.**amgueddfeydd**)— museum
aml—often
amser (m.**-au**)—time
amserlen (f.**-au**)—timetable
anfon—to send
anffodus—unfortunate
anifail (m.**anifeiliaid**)—animal
annwyl—dear
anodd—difficult

anrheg (f.**-ion**)—gift
annwyd (m.**-au**)—chill
ar—on
araf—slow
arbennig—special
ardderchog—excellent
arian (m.)—money
aros—to wait
asgwrn (m.**esgyrn**)—bone
at—to, towards
atal—to stop
ateb (m.**-ion**)—answer
ateb—to answer
athro (m.**athrawon**)—teacher
aur—gold
awr (f.**oriau**)—hour
awyr (f.)—sky
awyren (f.**-nau**)—aeroplane

B

baban (m.**-od**)—baby
bach—small
bachgen (m.**bechgyn**)—boy
balch—proud, pleased
banc (m.**-iau**)—bank
bar (m.**-rau**)—bar
bara (m.)—bread; **bara lawr**— laver bread; **bara menyn**— bread & butter
bardd (m.**beirdd**)—poet
bargen (f.**bargeinion**)—bargain
basged (f.**-i**)—basket
baw (m.)—dirt
berwi—to boil

beth?—what?
beudy (m.**beudai**)—cowshed
bil (m.**-iau**)—bill
blaen (m.)—front; **o'r blaen**— before (in time); **o flaen**—in front of; **yn y blaen**—in the front
blanced (m.**-i**)—blanket
blas (m.**-au**)—taste
blawd (m.)—flour
ble?—where?
blin—tiresome; **mae'n flin 'da fi** —I'm sorry
blinedig—tired
blino—to get tired; **wedi blino**— tired
blodyn (m.**blodau**)—flower
blows—blouse
blwyddyn (f.**blynyddoedd**)—year
bod—to be; that
bodlon—contented, pleased, willing
bolheulo—to sunbathe
bore (m.**-au**)—morning
brawd (m.**brodyr**)—brother
brêc (m.**-iau**)—brake
brecwast (m.**-au**)—breakfast
bresychen (f.**bresych**)—cabbage
brethyn (m.**-nau**)—tweed
brigâd (f.**-au**)—brigade; **brigâd dân**—fire brigade
bron (f.**-nau**)—breast
bronglwm (m.**bronglymau**)—bra
brown—brown
brwnt—dirty
bryn (m.**-iau**)—hill
brysio—to hasten
buwch (f.**buchod**)—cow
bwced (m.**-i**)—bucket
bwrdd (m.**byrddau**)—table
bwrw eira—to snow
bwrw glaw—to rain
bws (m.**bysus**)—bus
bwthyn (m.**bythynnod**)—cottage
bwyd (m.**ydd**)—food
bwydlen (f.**-ni**)—menu
bwyta—to eat
byd (m.**-oedd**)—world
bydd e—he will *(see grammar for full verb form)*
byr—short
bys (m.**-edd**)—finger
byw—to live

C

cacen (f.**-nau**)—cake
cadair (f.**cadeiriau**)—chair

cadw—to keep
cae (m.**-au**)—field
caead (m.)—lid
cael—to have
caer (f.**ceyrydd**)—fort
caled—hard, difficult
calon (f.**-nau**)—heart
cam—bent
cam (m.**-au**)—step
cân (f.**-euon**)—song
cannwyll (f.**canhwyllau**)—candle
canhwyllbren (m.**canwyllbren-nau**)—candlestick
canol—middle
canrif (f.**-oedd**)—century
cant (m.**cannoedd**)—hundred
canu—to sing
canwr (m.**cantorion**)—singer
capel (m.**-i**)—chapel
car (m.**ceir**)—car
carchar (m.**-au**)—jail
carden (f.**cardiau**)—card
caredig—kind
cariad (m.**-on**)—sweetheart, love
cario—to carry
carreg (f.**cerrig**)—stone
cartref (m.**-i**)—home
cas—nasty
casáu—hate
casglu—to collect
castell (m.**cestyll**)—castle
cath (f.**-od**)—cat
cau—to close
cawl (m.)—soup, mess
caws (m.)—cheese
ceffyl (m.**-au**)—horse
ceg (m.**-au**)—mouth
cegin (f.**-au**)—kitchen
ceiliog (m.**-od**)—cockerel
ceiniog (f.**-au**)—penny
celfi—furniture
Celtaidd—Celtic
Cemeg—Chemistry
cenedl (f.**cenhedloedd**)—nation
cenedlaethol—national
cerdyn (m.**cardiau**)—card
cerdded—to walk
cês (m.**-us**)—case
ci (m.**cŵn**)—dog
cicio—to kick
cig (m.**-oedd**)—meat
cinio (m.**ciniawau**)—dinner, lunch
clawdd (m.**cloddiau**)—hedge
clefyd (m.**-au**)—illness
clir—clear
cloc (m.**-iau**)—clock
cloch (f.**clychau**)—bell
cloff—lame
cludo—to carry, give a lift to, to transport
clust (f.**-iau**)—ear
clustog (f.**-au**)—pillow
clwyf (m.**-au**)—wound, disease
clywed—to hear
coch—red
codi—to raise, to get up
coeden (f.**coed**)—tree
coes (f.**-au**)—leg
cofio—to remember
coffi—coffee
coginio—to cook
colli—to lose
copa (m.**-on**)—summit

costio—to cost
cot (f.**-iau**)—coat
craig (f.**creigiau**)—rock
credu—to believe
crefft (f.**-au**)—craft
crochenwaith (m.)—pottery
croen (m.**crwyn**)—skin
croes (f.**-au**)—cross
croesi—to cross
croeso (m.)—welcome
cryf—strong
crys (m.**-au**)—shirt
curo—to beat
cusanu—to kiss
cwch (m.**cychod**)—boat
cwestiwn (m.**-au**)—question
cwis—quiz
cwm (m.**cymoedd**)—valley
cwmni (m.**-oedd**)—company
cwmwl (m.**cymylau**)—cloud
cwpan (m/f.**-au**)—cup
cwpwrdd (m.**cypyrddau**)—cupboard
cwrw (m.)—beer
cwsmer (m.**-iaid**)—customer
cwympo—to fall
cychwyn—to start
cyflym—fast
cyfoethog—rich
cyfri—to count
cyngerdd (m/f.**cyngherddau**)—concert
cyhoeddus—public
cyllell (f.**cyllyll**)—knife
cymdeithas (f.**-au**)—society
Cymdeithas yr Iaith Gymraeg—Welsh Language Society
Cymraeg (f.)—Welsh *(language)*
Cymraes (f.**Cymreigesau**)—Welsh woman
Cymreig—Welsh *(apart from language)*
Cymro (m.**Cymry**)—Welshman
Cymru—Wales
cymryd—take
cymysgu—to mix
cyn—before
cynnar—early
cynnes—warm
cynnig—to suggest, to offer
cyntaf—first
cyrraedd—to reach
cysgu—to sleep
cysurus—comfortable
cytuno—to agree
cythraul/cythrel (m.**cythreuliaid**)—devil
cyw (m.**-ion**)—chicken

Ch

chi—you
chwaer (f.**chwiorydd**)—sister
chwaraewr (m.**chwaraewyr**)—player
chwarter (m-**i**)—quarter
chwerthin—to laugh
chweugain/chweugen (m.)—50p
chwith—left

D

'da—with
da—good
Daearyddiaeth—Geography
dafad (f.**defaid**)—sheep
daear (f.**—oedd**)—earth, land
dal—to catch
dangos—to show
dan—under, below
darganfod—to find
darlun (m.**-iau**)—picture
darllen—to read
darn (m.**-au**)—piece
dathlu—to celebrate
dawns (f.**-feydd**)—dance
dawnsio—to dance
de (m.)—south
de—right (side);**ar y dde**—on the right
deall—to understand
dechrau—to start
deffro—to awake
derbyn—to receive
dewch!—come!; **dewch â . . . !**—bring . . . !
dewis—to choose
diawl (m.**-ed**)—devil
diddorol—interesting
diferyn (m.**diferion**)—drop *(of fluid)*
digon—enough
dim—no, nothing; **dim byd**—nothing; **dim ots**—no matter
dime (f.**-iau**)—½p
dinas (f.**-oedd**)—city
diod (f.**-ydd**)—drink
diolch (m.**iadau**)—thanks
dirwy (f.**-on**)—fine *(in court)*
disgwyl—to expect
diwedd (m.)—end
diwethaf—last
dod—to come
dod â—to bring
dodi—to put
dodrefn—(m.)—furniture
drama (f.**-u**)—drama
dringo—to climb
dros—over
drud—expensive
drwg—bad, evil, naughty
drws (m.**drysau**)—door
drwy—through
drych—(m.**-au**)—mirror
du—black
dwbwl—double
dweud—to say
dŵr (m.)—water
dwsin—dozen
dwyrain—east
dwywaith—twice
dy—your
dychwelyd—to return
dydd (m.**-iau**)—day
dymuniad (m.**-au**)—wish
dymuno—to wish
dyn (m.**-ion**)—man
dysgl (f.**-au**)—dish
dysgu—to teach, to learn
dyweddio—to be engaged

Dd

ddoe—yesterday

E

e—he, it
ebol (m.**-ion**)—foal
edrych—to look
edrych ar—to look at
efallai—perhaps
eglwys (f.**-i**)—church
yr Eidal—Italy
eidion—beef
eiliad (m/f.**-au**)—second
eillio—to shave
ei—his
eich—your
ein—our
eira (m.)—snow;**bwrw eira**—to
  snow
eistedd—to sit
eleni—this year
ennill—to win
enw (m.**-au**)—name
enwog—famous
eog (m.**-iaid**)—salmon
esgid (f.**-iau**)—shoe
eto—again
eu—their
ewch!—go!;**ewch â!**—take . . . !
ewythr—(m.**-edd**)—uncle
ewyn (m.)—froth, foam

F

faint—how much; **faint o**—how
  many
fe—he, him, it
fi—me; **fy**—my

Ff

ffair (f.**ffeiriau**)—fair
ffatri (f.**-oedd**)—factory
ffedog (f.**-au**)—apron
ffenestr (f.**-i**)—window
fferm (f.**-ydd**)—farm
ffermdy (m.**ffermdai**)—farmhouse
ffermwr (m.**ffermwyr**)—farmer
fferyllydd (m.**fferyllwyr**)—
  chemist
ffilm (f.**iau**)—film
Ffiseg—Physics
ffodus—fortunate
ffôl—foolish
ffôn, teliffon—telephone
ffonio—to phone
fforc (f.**ffyrc**)—fork
ffordd (f.**ffyrdd**)—way
fforest (f.**-ydd**)—forest

Ffrangeg—French
ffrio—to fry, **ffraeo**—to quarrel
ffrog—(f.**-iau**)—fruit
ffwrdd, i ffwrdd—away
ffwrn (f.**ffyrnau**)—oven, stove

G

gadael—to leave
gaeaf (m.**-au**)—winter
gair (m.**geiriau**)—word
galw—to call
galwyn (m.**-i**)—gallon
gallu—to be able to
gan—by
ganddi hi—with her
ganddo fe—with him
ganddyn nhw—with them
gardd (f.**gerddi**)—garden
gartre (f.)—at home
gât (m.**-iau**)—gate
gêm (f.**-au**)—game
gen i—with me
gennych chi—with you
gennyn ni—with us
ger—near, by
gêr (m.)—gear
glân—clean
glan y môr—sea-side
glas—blue
glaswellt—grass
glaw (m.**-ogydd**)—rain
glo (m.)—coal
glou—fast, quick
gobaith (m.**gobeithion**)—hope
gobeithio—to hope
godro—to milk
gofal (m.**-on**)—care
gofalu—to care, look after
gofalwr (m.**gofalwyr**)—keeper
gofyn—to ask
gogledd (m.)—north
golau (m.)—light
golchi—to wash
golygfa (f.**golygfeydd**)—scenery
gorau—best
gorffen—to finish
gorffwys—to rest
gorllewin (m.)—west
gormod—too much
gorsaf (f.**-oedd**)—station
gorwedd—to lie down
grat (m.**-iau**)—grate
grawnwin—grapes
grefi (m.)—gravy
gris (m.**-iau**)—step
gwaeth—worse
gwag—empty
gwahoddiad (m.**-au**)—invitation
gwaith (m.**gweithiau/gweith-
  feydd**)—work
gwaith cartref—homework
gwallgo—mad
gwallt (m.**-au**)—hair
gwan—weak
gwanwyn (m.)—spring
gwario—to spend
gwau—to knit
gwartheg (m.)—cattle
gwddf (f.**gyddfau**)—neck

gweddol—fair, fairly
gweithio—to work
gweld—to see
gwely (m.**-au**)—bed
gwell—better
gwella—to recover, make better
gwên (f.**-au**)—smile
gwen—white
gwenu—to smile
gwersyll (m.**-oedd**)—camp
gwersylla—to camp
gwerth (m.**-oedd**)—value; **ar
  werth**—for sale
gwerthiant (m.**gwerthiannau**)—
  sale
gwerthu—to sell
gwesty (m.**gwestai**)—hotel
gwin (m.**-oedd**)—wine
gwir—true
gwir (m.)—truth
gwisg (f.**-oedd**)—dress
gwisgo—to wear, to dress
gwlad (f.**gwledydd**)—country
gwladgarol—patriotic
gwlân (m.)—wool
gwlyb—wet
gwlychu—to wet, to get wet
gwneud—to do, to make
gŵr (m.**gwŷr**)—man, husband
gwraig (f.**gwragedd**)—wife,
  woman
gwrando—listen
gwybod—to know
gwydryn (m.**gwydrau**)—glass
gŵyl (f.**-iau**)—holiday
gwylio—to watch
gwyn—white
gwynt (m.**-oedd**)—wind
gwyrdd—green
gyd, i gyd—all
gyda—with
gyntaf, yn gyntaf—first
gyrru—to drive

H

haearn (m.**heyrn**)—iron
haf (m.**-au**)—summer
halen (m.)—salt
Hanes—History
hanner (m.**haneri**)—half
hapus—happy
hardd—beautiful
haul (m.**heuliau**)—sun
hawdd—easy
heb—without
heblaw—except
hedfan—to fly
heddiw—today
helpu—to help
hen—old
heno—tonight
heol (f.**-ydd**)—road
het (f.**-iau**)—hat
hi—she, her, it
hir—long
hoffi—to like (to)
holl—all
hon (f.)—this, this one
hosan (f.**sanau**)—sock

hufen (m.)—cream
hun (hunain)—self, -selves
hwn (m.)—this, this one
hwyl (f.-**iau**)—fun, spirit; sail
hwylio—to sail
hwyr—late
hydref (m.)—autumn
hyfryd—lovely

I

i—to
iâ (m.)—ice
iach—healthy
iaith (f.**ieithoedd**)—language
iâr (f.**ieir**)—hen
iddi hi—to her
iddo fe—to him
iddyn nhw—to them
iechyd (m.)—health
ifanc—young
isel—low

J

jam (m.)—jam
jiw!—well!

L

lan—up
lawr—down
lwcus—lucky

Ll

llaeth (m.)—milk
llai—less
llais (m.**lleisiau**)—voice
llaw (f.**dwylo**)—hand
llawen—happy
llawer—many, a lot
llawn—full
llawr (m.**lloriau**)—floor
lle (m.**llefydd**)—place
llechen (f.**llechi**)—slate
llefrith (m.)—milk
lleiaf—smallest, least
llen (f.-**ni**)—curtain
llestr (m.-**i**)—dish
llety (m.)—lodging, B&B
lleuad (f.)—moon
llifo—to flow
lliw (m.-**iau**)—colour
llo (m.-**i**)—calf
Lloegr—England
llofft (f.-**ydd**)—upstairs
llong (f.-**au**)—ship
llon—happy
llosgi—to burn

llun (m.-**iau**)—picture
llwy (f.-**au**)—spoon
llwybr (m.-**au**)—path
llwyd—grey
llydan—wide
llyfr (m.-**au**)—book
llygad (m.**llygaid**)—eye
llyn (m.**noedd**)—lake
llynedd—last year
llys (m/f.-**oedd**)—court
llythyr (m.-**au**)—letter

M

mab (m.**meibion**)—son
mae—is, are, there is, there are
magu—to nurse
mam (f.-**au**)—mother
mamgu (f.)—grandmother
maneg (f.**menyg**)—glove
map (m.-**iau**)—map
marchnad (f.-**oedd**)—market
Mathemateg—Mathematics
mawr—big
medd—says
meddw—drunk
meddwi—to get drunk
meddwl—to think
meddwyn (m.**meddwon**)—drunkard
meddyg (m.-**on**)—doctor
mefus—strawberries
mêl (m.)—honey
melyn—yellow
melys—sweet
menyn (m.)—butter
menyw (f.-**od**)—girl
merch (f.-**ed**)—girl
mil (f.-**oedd**)—thousand
milltir (f.-**oedd**)—mile
mis (m.-**oedd**)—month
mo—not, none of
mochyn (m.**moch**)—pig
modrwy (f.-**on**)—ring (wedding &c)
modryb (f.-**edd**)—aunt
modurdy (m.**modurdai**)—garage
mor—so (*with adj.*)
môr (m.-**oedd**)—sea
moron—carrots
moyn—to want
munud (m/f.-**au**)—minute
mwy—more
mwyaf—most
mwyn—gentle
mwynhau—to enjoy
mynd—to go
mynd â—to take
mynydd (m.-**oedd**)—mountain

N

nabod—to know (*a person*)
Nadolig (m.)—Christmas
nawr—now
neges (f.-**euon**)—message
neidio—to jump

neis—nice
neithiwr—last night
nesaf—next
neuadd (f.-**au**)—hall; **neuadd y dref**—town hall
newid—to change
newydd—new
newyddion—news
nhw—they, them
ni—us, we
ni (*before verb*)—not
niwl (m.-**oedd**)—mist, fog
noeth—naked
nofio—to swim
nôl—to fetch
nos (f.)—night
noson (f.**nosweithiau**)—evening
nwy (m.-**on**)—gas
nyrs (f.-**us**)—nurse

O

o—of, from
ochr (f.-**au**)—side
oer—cold
oergell (f.-**oedd**)—fridge
oeri—to cool, to get colder
oen (m.**ŵyn**)—lamb
oes (f.-**au/-oedd**)—age, period
ofnadwy—awful, terrible
offeryn (m.**offerynnau; offer**)—instrument; tool, tackle
ôl (m.-**ion**)—trace, remain; **yn ôl**—back(wards); **ar ôl**—after; **tu ôl**—behind
olaf—last
olew (m.)—oil
olwyn (f.-**ion**)—wheel
ond—but
os—if; **os gwelwch yn dda**—please
dim ots—no matter
owns (f.)—ounce

P

pa?—which?
pabell (f.**pebyll**)—tent
pacio—to pack
paent (m.)—paint
pafin (m.)—pavement
paid â . . .—don't . . .
pam?—why?
pannas—parsnips
pant (m.-**au/-iau**)—vale; dent
papur (m.-—**au**)—paper
papuro—to paper
parc (m.-**iau**)—park
parod (yn barod)—ready
pawb—everybody
pecyn (m.-**nau**)—packet
peidiwch—don't
peint (m.-**iau**)—pint
peintio—to paint
peiriant (m.**peiriannau**)—machine, engine

pêl (f.-i)—ball; **pêl-droed**—football

pell—far

pen (m.-nau)—head

pen-blwydd (m.)—birthday

pennod (f.penodau)—chapter

pentref (f.-i)—village

penwaig—herrings

persawr (m.-au)—perfume

pert—pretty

perth (f.-i)—hedge

peth (m.-au)—thing

Plaid Cymru—*literally,* the Party of Wales

plât (m.-iau)—plate

platfform (m.)—platform

plentyn (m.plant)—child

pobi—to bake

pobl (f.-oedd)—people

poced (m/f.-i)—pocket

poen (f.-au)—pain

poeni—to worry, to tease

poeth—hot

polyn (m.polion)—pole

pont (f.-ydd)—bridge

popeth—everything

porfa (f.porfeydd)—grass

potel (f.-i)—bottle

pregeth (f.-au)—sermon

pregethu—to preach

pregethwr (m.pregethwyr)—preacher

priodas (f.-au)—marriage

priodfab (m.)—groom

priodferch (f.)—bride

priodi—to marry

pris (m.-iau)—price

pryd?—when?

pryd o fwyd—a meal

prydferth—beautiful

prynhawn (m.-au)—afternoon

prynu—to buy

prysur—busy

punt (f.punnoedd)—pound (£)

pwdin (m.)—pudding

pwy?—who?

pwys (m.-i)—pound (lb)

pwysig—important

pwyso—to press, to lean, to weigh

pysgodyn (m.pysgod)—fish

pythefnos (f.-au)—fortnight

R

'r—the *(after vowel)*

record (m/f.-iau)—record

rŵan—now *(North Wales)*

Rh

rhad—cheap

rhaff (f.-au)—rope

rhaglen (f.-ni)—programme

rhaid—must

rhaw (f.rhofiau, rhawiau)—spade

rhedeg—to run

rhegi—to swear

rhestr (f.-au)—list

rhieni—parents

rhif (m.-au)—number

rhifo—to count

rhiw (m/f.-iau)—hill, slope

rhodd (f.-ion)—gift

rhoddi—to give

rhoi—to give

rhosyn (m.-nau)—rose

Rhufain—Rome; **Rhufeiniaid**—Romans

rhwng—between

rhy—too

rhydd—free; **Cymru Rydd!**—Free Wales!

rhyddid (m.)—freedom

rhyw—some *(adj.)*

rhyw (f.-iau)—sex

rhywbeth (m.)—something

rhywle—somewhere

rhywun (m.rhywrai)—someone

S

Saesneg—English language

Saesneg—Englishmen

saff—safe

Sais—Englishman

sâl—ill

salw—ugly

sanau—stockings, socks

sant (m.saint)—saint

sebon (m.)—soap

sefyll—to stand

Seisnig—English *(adjective, not the language)*

senedd (f-au)—parliament

seremoni (f.-au)—ceremony

sêt (f.-i)—seat

set (f.-iau)—set

sgert (f.-iau)—skirt

sgôr (m.)—score

sgorio—to score

shwmae—hello

siarad—to talk

siec (m.-iau)—cheque

sigaret—cigarette

siglo—to shake

sinema (m.-u)—cinema

siop (f.-au)—shop

siopa—to shop

sir (f.-oedd)—county, shire

siwgr (m.)—sugar

siŵr—sure

siwt (f.-iau)—suit

siwtio—to suit

soffa (f.)—sofa

stondin (m.-au)—stall

stori (f.-au)—story

storm (f.-ydd)—storm

streic (f.-iau)—strike; **ar streic**—on strike

stryd (f.-oedd)—street

sut?—how? what kind of? *(before nouns)*

y Swistir—Switzerland

swllt (m.sylltau)—shilling

sŵn (m.synau)—noise, sound

swnllyd—noisy

swper (m.-au)—supper

swydd (f.-i)—job

swyddfa (f.swyddfeydd)—office; **swyddfa'r heddlu**—police station; **swyddfa'r post**—post office

sych—dry

syched (m.)—thirst; **mae syched arnaf**—I am thirsty

sychu—to dry

symud—to move

syniad (m.-au)—idea

T

tad (m.-au)—father

tad-cu (m.tadau cu)—grandfather

tafarn (f.-au)—pub

tai—houses

taflu—to throw

taith (f.teithiau)—journey

tal—tall

talu—to pay

tamaid (m.tameidiau)—bit, slice

tân—fire

tarw (m.teirw)—bull

taten (f.tatws)—potato

tawel—quiet

te (m.)—tea

tegell (m.-au)—kettle

tei (m.)—tie

teimlo—to feel

teisen (f.-nau/ni/nod; teisys)—cake

teithio—to travel

teledu (m.)—television

telyn (f.-nau)—harp

tenau—thin

teulu (m.-oedd)—family

tew—fat

tlawd—poor

tlws—pretty

tocyn (m.-nau)—ticket

ton (f.-nau)—wave

tôn (f.-au)—tune

torri—to cut, break

torth (f.-au)—loaf

tost—ill

tost (m.)—toast

traeth (m.-au)—beach

trafnidiaeth (f.)—traffic

traffig (m.)—traffic

trebl—treble

tref (f.-i)—town

trefnu—to arrange

trên (m.-au)—train

trist—sad

tro (m.-eon)—turn, bend; **am dro**—for a walk

troed (m.traed)—foot

troi—to turn

trôns—underpants

tros—over

trwm—heavy

trwser (m.-i)—trouser

trwy—through

trwyn (m.-au)—nose

trydan (m.)—electricity

tu (m.)—side; **tu ôl**—behind

twll (m.tyllau)—hole

tŵr (m.tyrau)—tower

twrci (m.**-od**)—turkey
twym—warm
tŷ (m.**tai**)—house
tŷ bach—toilet
tyfu—to grow
tynnu—to pull
tyrd!—come!
tywel (m.**-ion**)—towel
tywod (m.)—sand
tywydd (m.)—weather
tywyll—dark

Th

theatr (f.**-au**)—theatre

U

uchaf—highest
uchel—high
uffern (f.)—hell
uffernol—hellish
ugain—twenty
un—one
unig—lonely
unwaith—once
uwch—higher
uwd (m.)—porridge

W

wal (f.**-ydd**)—wall
weithiau—sometimes
wrth—by, near
wy (m.**-au**)—egg; **wy wedi'i ferwi**—boiled egg; **wy wedi'i ffrio**—fried egg
wyneb (m.**-au**)—face
wynwns—onions
wythnos (f.**-au**)—week

Y

y—the *(before consonant)*
ychydig—a little, a few
ydy—is
yfed—to drink
yfory—tomorrow
yma—here
ymlaen—forwards, on
ymolchi—to wash *(oneself)*
ynad (m.**-on**)—magistrate
ynys (f.**-oedd**)—island
yr—the *(before vowel)*
ysbyty (m.**ysbytai**)—hospital
ysgafn—light
ysgol (f.**-ion**)—school, ladder
ysgrifennu—to write

ysgrifenyddes (f.**-au**)—*(female)* secretary
ysgrifennydd (m.**ysgrifenyddion**)—secretary
ystafell (f.**-oedd**)—room
ystafell wely—bedroom;
ystafell fwyta—dining room;
ystafell ymolchi—bathroom
yw—is

Saesneg-Cymraeg

A

a—*left out in Welsh*
able—gallu (v.); galluog (a.); **to be able to**—gallu
above—uwch ben, dros
accept—derbyn
ache—poeni (v.); poen (f.)-au
accelerator—sbardun (m.)
accident—damwain (f.)-damweiniau
across—ar draws
act—actio (v.); act (f.)-au
actor—actor (m.)-ion;actores (f.)-au
address—cyfeiriad (m.)-au
aeroplane—awyren (f.)-nau
after—ar ôl; **after all**—wedi'r cyfan, wedi'r cwbwl
afternoon—prynhawn (m.)
again—eto; **once again**—unwaith eto
age—oed (m.)
agree—cytuno
all—pawb *(everyone)*; i gyd—**all; all the books**—y llyfrau i gyd; **all the way**—yr holl ffordd—**all the time**—yr holl amser; **all right**—iawn, o'r gorau **(O.K.)**
almost—bron
also—hefyd
always—o hyd, wastad, bob amser
ambulance—ambiwlans (m.)
and—a, ac (before vowels)
angry—cas
animal—anifail (m.) anifeiliaid
answer—ateb (v.); ateb (m.) -ion
any—unrhyw; anyone—unrhywun; anything—unrhyw beth
apple—afal (m.) -au
apron—ffedog (f.) -au
arm—braich (f.) -breichiau
arrive—cyrraedd
ashtray—blwch llwch (m.) -blychau llwch
at—wrth (by); yn (in); **at two o'clock**—am ddau o'r gloch; **at the table**—wrth y bwrdd; **at Aberystwyth**—yn Aberystwyth; **at all**—o gwbl; **at last**—o'r diwedd; **at the end of the road**—ar ddiwedd yr heol; **at home**—gartref

attract—denu
attractive—deniadol
aunt—modryb (f.) -edd
autumn—hydref (m.)
awake—deffro (v.); ar ddihun (ad.); effro (a.)
away—i ffwrdd
awful—ofnadwy; awfully good—ofnadwy o dda

B

baby—baban (m.) -od
back—cefn (m.) -au; cefnwr **(rugby)** (m.) -cefnwyr; **to go back**—mynd yn ôl
bad—drwg
bag—bag (m.) -iau
bake—pobi
baker—pobydd (m) -ion
ball—pêl (f.) -i
banana—banana (m.) -au
band—band (m.) -iau
bank—banc (m.) -iau
bar—bar (m.) -rau
bargain—bargen (f.) -bargeinion
basket—basged (f.) -i
bath—bath (m.) -iau; cael bath (v.)
bathroom—stafell ymolchi
bathe—ymdrochi; **bathing costume/suit**—siwt nofio
battery—batri (m.)
be—bod
beach—traeth (m.) -au
beans—ffa
beautiful—prydferth, pert
bed—gwely (m.) -au; **to go to bed**—mynd i'r gwely; **single bed**—gwely sengl; **double bed**—gwely dwbwl
bedroom—ystafell wely (f.) -oedd gwely
beef—cig eidion (m.)
beer—cwrw (m.) -au
before—cyn; **before dinner**—cyn cinio;
before long—cyn hir; **before** *(never seen him)*—o'r blaen
behind—tu ôl; pen-ôl (m.) -au

believe—credu
bell—cloch (f.) -clychau
belly—bola, bol (m.) -bolâu
below—dan, o dan
belt—gwregys (m.)-au
bend—tro (m.) -eon; troi (v.); plygu (v.)
bent—cam
best—gorau; **the best bitter**—y cwrw chwerw gorau
better—gwell; **to get better**—gwella
between—rhwng
big—mawr
bill—bil (m.) -iau
bird—aderyn (m.) -adar
biscuit—bisgeden (f.) -bisgedi
black—du
blanket—blanced (f.) -i
bleed—gwaedu
blood—gwaed (m.)
blouse—blows (m.)
blue—glas
boat—cwch (m.) -cychod
body—corff (m.) -cyrff
boil—berwi; **boiled egg**—wy wedi'i ferwi
bone—asgwrn (m.) -esgyrn
bonnet—bonet (m)
book—llyfr (m.) -au
book-shop—siop lyfrau (f.)
boot—cist (f.) -iau
bottle—potel (f.) -i
bowls—bowls
boy—bachgen (m.) -bechgyn
bra—bronglwm (m.) -bronglymau
brake—brecio; arafu
break—torri; **break-down**—torri i lawr
bread—bara (m.); **bread and butter**—bara menyn
breakfast—brecwast (m.) -au
breast—bron (f.) -nau
bridge—pont (f.) -ydd
brigade—brigâd (f.); **fire brigade**—brigâd dân; **fire engine**—peiriant tân
bring—dod â
broad—llydan
brother—brawd (m.) -brodyr
brown—brown
brush—brwsh (m.) -ys
bucket—bwced (m.) -i
build—adeiladu
building—adeilad (m.) -au
bulb—bylb (m.) -iau
burn—llosgi (v.)
bus—bws (m.) bysiau
busy—prysur
but—ond
butcher—cigydd (m.)
butter—menyn (m.)
button—botwm (m.) -botymau
buy—prynu
by—gan; wrth **(near); by the house**—wrth y tŷ; **by Gwynfor Evans**—gan Gwynfor Evans; **pass by**—mynd heibio; **by now**—erbyn hyn

C

cabbage—bresychen (f.) -bresych
cake—teisen (f.) -nod/-nau/-ni; teisys
calendar—calendr (m.) -au
camera—camera (m.) -camerâu

camp—gwersyll (m.) -oedd; gwersylla (v.)
candle—cannwyll (f.) -canhwyllau
car—car (m.) -ceir
cap—cap (m.) -iau
caravan—carafan (f.) -nau
card—cerdyn (m.); carden (f.) -cardiau; **post-card**—cerdyn post
care—gofal (m.) -on; gofalu (v.)
carrots—moron
carry—cario
case—cês (m.) -ys
cat—cath (f.) -od
catch—dal
cathedral—eglwys gadeiriol (f.) -i cadeiriol
cauliflower—blodfresychen (f.) -blodfresych
cause—achos (m.) -ion; **good cause**—achos da
celebrate—dathlu
celebration—dathliad (m.) -au
Celtic—Celtaidd
century—canrif (f.) -oedd
ceremony—seremoni (f.) -au
chair—cadair (f.) -cadeiriau
change—newid (v.), newid (m.) -iadau
chapel—capel (m.) -i
cheap—rhad
cheek—boch (f.) -au
cheese—caws (m.)
chemist—fferyllydd (m.) -fferyllwyr
chemistry—cemeg
cheque—siec (m.) -iau
chest—brest (f.)
chicken—cyw (m.) -ion
child—plentyn (m.) -plant
chill—annwyd (m.) -au; **I've got a chill**—Mae annwyd arna i/Mae annwyd 'da fi
chin—gên (f.) -au
chocolate—siocled (m.) -i
choice—dewis (m.)
choir—côr (m.) -au
choose—dewis
chop—golwyth (m.) -ion
Christmas—Y Nadolig (m.)
church—eglwys (f.) -i
cider—seidir (m.)
cigar—sigâr (f.) -au
cigarette—sigarèt (f) -au
cinema—sinema (f.) -u
city—dinas (f.) -oedd
clean—glân
clear—clir (a.), clirio (v.)
cliff—clogwyn (f.) -i
climb—dringo
clock—cloc (m.) -iau
close—cau (v.); agos (a.); **closed**—ar gau
clothes—dillad; **table-cloth**—llian bwrdd (m.)
clutch—gafaelydd (m.)
coach—bws (m.) -bysiau
coal—glo (m.)
coast—arfordir (m.) -oedd
coat—cot (f.) -iau; **rain coat**—cot law; **overcoat**—cot fawr
cobbler—crydd (m.)
cockerel—ceiliog (m.) -od
coffee—coffi (m.)
cold—annwyd (m.); oer (a.); **get colder**—oeri; **he has a cold**—mae annwyd arno fe

collect—casglu
collection—casgliad (m.) -au
company—cwmni (m.) -au
come—dod; **come here!**—dewch yma!
comfortable—cysurus
compete—cystadlu
competition—cystadleuaeth (f.) -cystadlaethau
conductor—arweinydd (m.) -ion *(of of a choir);* tocynnwr (m.) -tocynwyr *(of a bus)*
contented—bodlon
cook—coginio (v.); cogydd (m.); cogyddes (f.)
cost—costio (v.); cost (f.) -au
cottage—bwthyn (m.) bythynnod
cough—peswch
count—cyfri
country—gwlad (f.) -gwledydd
county—sir (f.) -oedd
course—cwrs (m.) -cyrsiau
court—llys (m.) -oedd
craft—crefft (f.) -au
cream—hufen (m.)
cross—croesi (v.); croes (f.) -au; cas (a.)
crossing—croesfan (f.) -nau
crown—coron (f.) -au
cup—cwpan (m.) -au; **egg cups**—cwpanau wy
cupboard—cwpwrdd (m.) -cypyrddau
curtain—llen (f.) -ni
custard—cwstard (m.)
customer—cwsmer (m.) -iaid
cut—torri (v.); cwt (m.)

D

dance—dawnsio (v.) dawns (f.) -feydd
danger—perygl (m.) -on
dark—tywyll
darts—picellau
daughter—merch (f.) -ed
day—dydd (m.) -iau
dear—annwyl
dear (expensive)—drud
defeat—curo (v.); curfa (f.)
depart—ymadael
deposit—ernes (f.)
devil—diawl (m.) -od
dictionary—geiriadur (m.)
difficult—anodd, caled
dining room—ystafell fwyta
dinner—cinio (m.) -ciniawau
dirt—baw (m.)
dirty—brwnt
disease—haint (m.) -heintiau
dish—dysgl (f.); plat (m.) -iau
do—gwneud
doctor—meddyg (m.) -on
dog—ci (m.) -cŵn
don't—peidiwch; paid *(to someone you know well)*
door—drws (m.) -drysau
double—dwbwl
dozen—dwsin (m.) -au
drama—drama (f.)
dress—gwisg (f.) -oedd; gwisgo (v.)
drink—yfed (v.); diod (f.)
drive—gyrru
driver—gyrrwr (m.) -gyrwyr

drop—diferyn (m.) -diferion; gollwng (v.)
drunk—meddw
drunkard—meddwyn (m.) -meddwon
dry—sych
dust—llwch (m.)

E

each—pob; **each one**—pobun; **6p each**—chwe cheiniog yr un
ear—clust (f.) -iau
early—cynnar
earth—daear (f.); pridd (m.) *(soil)*
east—dwyrain (m.)
Easter—Y Pasg (m.)
easy—hawdd
eat—bwyta
egg—ŵy (m.) -au
elbow—penelin (m.) -oedd
electricity—trydan (m.); **electricity board**—bwrdd trydan
empty—gwag
end—diwedd (m.)
engage—dyweddïo *(to be married)*
engine—peiriant (m.) -peiriannau
England—Lloegr (f.)
English *(language)*—Saesneg (f.)
English—Seisnig
Englishman—Sais (m.) -Saeson
enjoy—mwynhau
enough—digon; **enough food**—digon o fwyd; **enough beer**—digon o gwrw
enquiries—ymholiadau
entrance—mynediad (m.) -au
envelope—amlen (f.) -ni
evening—noson (f.); noswaith (f.) -nosweithiau; **good evening**—noswaith dda; **this evening, tonight**—heno
everyone—pawb, pobun; **ever**—byth; **Wales for ever**—Cymru am byth
everything—popeth
evil—drwg
excellent—ardderchog
except—heblaw
exhaust—blino (v.); carthbib (f.) *(pipe)*
exit—allan
expect—disgwyl
expensive—drud
eye—llygad (m.) -llygaid

F

face—wyneb (m.) -au
fair—teg (a.); ffair (f.) -ffeiriau; **fair play**—chwarae teg
fall—cwympo, syrthio
far—pell
fare—pris (m.) -iau
farm—fferm (f.) -ydd
fast—cyflym
fat—tew
father—tad (m.) -au
fear—ofn (m.) -au; **I'm afraid**—mae ofn arna i/ rydw i'n ofni
feel—teimlo

fetch—nôl
fever—gwres (m.)
few—ychydig
field—cae (m.) -au
fill—llanw, llenwi
film—ffilm (f.) -iau
find—darganfod **(discover)**; dod o hyd i; ffeindio
fine—braf (a.); dirwy (f.) -on
finger—bys (m.) -edd
finish—gorffen
first—cyntaf (a.); yn gyntaf (ad.)
fish—pysgodyn (m.) -pysgod; pysgota (v.)
floor—llawr (m.) -lloriau
flow—llifo
flower—blodyn (m.) -blodau
fog—niwl (m.) -oedd
foggy—niwlog
food—bwyd (m.) -ydd
foot—troed (f.) -traed
fork—fforc (f.) -ffyrc
forest—coedwig (f.) -oedd; fforest (f.) -ydd
fort—caer (f.) -au
fortnight—pythefnos (m.) -au
fortunate—ffodus
forwards—ymlaen
France—Ffrainc
free—am ddim *(for nothing)* rhydd, Cymru rydd—**free Wales**
freedom—rhyddid (m.)
French—Ffrangeg
fresh—ffresh
fridge—oergell (f.) -oedd
frock—ffrog (f.) -iau
front—blaen; **in front of**—o flaen; **in the front**—yn y blaen
fruit—ffrwyth (m.) -au; **fruit shop**—shop ffrwythau
fry—ffrio; **fried egg**—wy wedi'i ffrio
full—llawn
fun—hwyl (f.)-iau
furniture—celficyn (m.) -celfi *(celfi usually used)*

G

gallery—oriel (f.) -au
gallon—galwyn (m.) -i
garage—modurdy (m.) modurdau; garej
garden—gardd (f.) -gerddi
garment—dilledyn (m.) -dillad
gas—nwy (m.) -on
gate—gât (m.) -iau
gear—gêr (m.) -iau
gents—dynion
Geography—Daearyddiaeth
German—Almaeneg
Germany—yr Almaen
get—cael; **get married**—priodi; **get up**—codi; **get on (bus)**—mynd ar; **get off** *(clothes)*—dadwisgo
gift—rhodd (f.) -ion
girl—merch (f.) -ed
give—rhoi
glad—balch
glass—gwydryn (m.) -gwydrau
glove—maneg (f.) -menig

go—mynd; **go for a walk**—mynd am dro
golf—golff (m.)
gone—wedi mynd
gold—aur
good—da
good-bye—hwyl; hwyl fawr! da boch!
got—gyda, 'da **(I've got a car**—mae car gyda fi), gan
grandfather—tad-cu (m.)
grandmother—mam-gu (f.)
grapes—grawnwin *(plural)*
grass—glaswelltyn (m.) -glaswellt *(glaswellt usually used)*
grate—grat (m.) -iau
gravy—grefi (m.)
great—mawr
great!—gwych!
green—gwyrdd
grey—llwyd
grocer—groser (m.)
grow—tyfu
guard—gwarchod (v.); gard (m.)

H

hair—gwallt *(plural)*
hair dresser—trinydd gwallt (m.) -ion gwallt
half—hanner (m.); hanerwr *(in football)*; **first half**—hanner cyntaf; **second half**—ail hanner; **half cut**—hanner caib
halfpenny—dime (f.) -iau
hall—neuadd (f.) -au; **town hall**—neuadd y dre
ham—ham (m.)
hand—llaw (f.) -dwylo
hand bag—bag llaw (m.) -iau llaw
handkerchief—hances (f.); neisied (f.) -i
handle—dolen (f.) ni
happy—hapus
hard—caled
harp—telyn (f.) -au
hasten—brysio
hat—het (f.) -iau
hate—casáu
have—cael (v.)
he—e; fe
head—pen (m.) -au
health—iechyd (m.); **good health**—iechyd da
healthy—iach
hear—clywed
heart—calon (f.) -nau
heat—gwres (m.)
heater—gwresogydd (m.) -ion
heavy—trwm
hedge—perth (f.) -i
hell—uffern (f.); **hells bells!**—uffern dân! *(lit.***hell's fire)*
hellish—uffernol *(used for awful)*
help—helpu (v.); help (m.)
hen—iâr (f.) -ieir
her—hi (pr.); ei *(her bag)*
here—yma
herrings—penwaig *(plural)*
high—uchel
highest—ucha
hike—cerdded, heicio

hill—bryn (m.) -iau
History—Hanes
hole—twll (m.) -tyllau
holidays—gwyliau *(plural)*
home—cartref (m.) -i; **home rule**—
  ymreolaeth;**to go home**—mynd adre;
  at home—gartref
homework—gwaith cartref
honey—mêl (m.)
hope—gobaith (m.) -gobeithion;
  gobeithio (v.)
horn—corn (m.) -cyrn
horse—ceffyl (m.) -au
hospital—ysbyty (m.) -ysbytai
hot—poeth
  hot water bottle—potel dŵr poeth
hotel—gwesty (m.) -gwestai
hour—awr (f.) -oriau
house—tŷ (m.) -tai
how?—sut?
hundred—cant
hungry—llwgu
hurry—brysio
husband—gŵr (m.) -gwŷr

I

I—i, fi
ice—iâ (m.): **ice cream**—hufen iâ
idea—syniad (m.) -au
if—os
ill—sâl, tost
illness—clefyd (f.)-au
important—pwysig
in—yn, mewn; **in a**—mewn; **in the**—
  yn y; **inside**—tu mewn; **in the
  middle of**—yng nghanol
influenza—ffliw (m.)
inn—tafarn (f.) -au; gwesty (m.)
  -gwestai
instrument—offeryn (m.) -nau
interesting—diddorol
invitation—gwahoddiad (m.) -au
invite—gwahodd
Ireland—Iwerddon
iron—haearn (m.) -heyrn
island—ynys (f.) -oedd
it—e (he), hi (she)
Italy—yr Eidal

J

jacket—siaced (f.) -i
jail—carchar (m.) -au; **jail for the
  language**—carchar dros yr iaith
jam—jam (m.) -au
job—swydd (f.) -i
journey—taith (f.) -teithiau; teithio (v.)
jug—jwg (m.) -jygiau
jump—neidio
jumper—siwmper (f.) -i

K

keep—cadw
keeper—gofalwr (m.) -gofalwyr
kettle—tegell (m.) -au
key—allwedd (f.) -i
kick—cicio (v.); cic (f.) -iau; **free
  kick**— cic rydd
kind—caredig (a.); math (m.) -au
kiss—cusanu (v.); cusan (f.) -au
kitchen—cegin (f.) -au
knee—penlin (f.) -iau
knife—cyllell (f.) -cyllyll
know—adnabod **(someone)**; gwybod
  (something)

L

label—label (m.) -i
ladies—menywod, merched
lake—llyn (m.) -noedd
lamb—oen (f.) -wyn
lame—cloff
land—tir (m.) -oedd; gwlad (f.)
  -gwledydd **(country); land of my
  fathers**—gwlad fy nhadau
language—iaith (f.) -ieithoedd **Welsh
  Language Society**—Cymdeithas yr
  Iaith Gymraeg
large—mawr
last—olaf; diwethaf; para (v.); **the last
  bus**—y bws olaf; **last month**—mis
  diwethaf; **last night**—neithiwr; **last
  year**—llynedd
late—hwyr
laugh—chwerthin
lavatory—tŷ bach (m.) -tai bach
lean—pwyso (v.); tenau (a.)
learn—dysgu
learner—dysgwr (m.) -dysgwyr
least—lleia: **at least**—o leia
leave—gadael; ymadael â **(a place)**
left—chwith **(direction)**; ar ôl—**left;
  over to the left**—i'r chwith
lemon—lemwn (m.) -au
lemonade—lemwnêd (m.)
letter—llythyr (m.) -au
licence—trwydded (f.) -au
lid—caead (m.) -au
lie down—gorwedd
life—bywyd (m.) -au
lift—codi (v.); llifft (m.)
light—golau (m.) -goleuadau; ysgafn
  (a.)
light-house—goleudy (m.) -goleudai
like—hoffi (v.); fel **(as)**
lip—gwefus (f.) -au
lipstick—minlliw (m.) -iau
list—rhestr (f.) -au
litter—sbwriel (m.)
little—bach; **a little**—ychydig
live—byw (v.); **living room**—ystafell fyw
loaf—torth (f.) -au
lonely—unig *(before noun e.g.* yr unig
  lyfr—**the only book)**
long—hir
look—edrych
look after—edrych ar ôl

M

lorry—lori (f.) -ïau
lose—colli
lot—llawer; nifer
love—caru (v.); cariad (m.) -on
lovely—hyfryd
low—isel
lucky—lwcus
luggage—bagiau *(plural)*
lunch—cinio (m.) -ciniawau

M

machine—peiriant (m.) -nau
mad—gwallgo
magazine—cylchgrawn (m.)
  cylchgronau
magistrate—ynad (m.) -on
maid—morwyn (f.) -morynion
make—gwneud
man—dyn (m.) -ion; gŵr (m.) -gwŷr
manager—rheolwr (m.) -rheolwyr
many—llawer; **many people**—llawer o
  bobl
map—map (m.) -iau
market—marchnad (f.) -oedd
marmalade—marmalêd (m.)
marry—priodi
matches—fflachiau (pl.) **box of
  matches**—blwch o fflachiau
Mathematics—Mathemateg
matter: what's the matter—beth sy'n
  bod; **there's no matter**—does dim
  ots
meal—pryd (m.) -au
meat—cig (m.) -oedd
melon—melon (m.) -au
menu—bwydlen (f.) -ni
message—neges (f.) -oedd
middle—canol (m.); **in the middle
  of**—yng nghanol
mile—milltir (f.) -oedd
milk—llaeth (m.); llefrith (m.)
minute—munud (m./f.) -au
mirror—drych (m.) -au
miss—colli (v.)
mist—niwl (m.) -oedd
misty—niwlog
mix—cymysgu
mix up—cawl (m.) (*lit*.soup)
money—arian (m.)
month—mis (mis.) -oedd
moon—lleuad (f.) -au
more—mwy; **more food**—mwy o fwyd
morning—bore (m.) -au: **good
  morning**—bore da
most—mwya; **most beautiful**—mwya
  pert; **most of the cars**—y rhan fwyaf
  o'r ceir
mother—mam (f.) -au
motorway—traffordd (f.) -traffyrdd
mountain—mynydd (m.) -oedd
mouth—ceg (f.) -au
move—symud (v.)
much—llawer; **how much?**—faint?
museum—amgueddfa (f.)
  -amgueddfeydd
must—rhaid; **I must**—rhaid i fi
mustard—mwstard (m.)
my—fy, 'y

N

naked—noeth, porcyn
name—enw (m.) -au
narrow—cul
nasty—cas
nation—cenedl (f.) -cenhedloedd
national—cenedlaetholwr (m.)
-cenedlaetholwyr
naughty—drwg
next—nesa; **next door**—drws nesa
never—byth
new—newydd
news—newyddion; **news agent**—siop
bapurau; **news paper**—papur
newydd
nice—neis, hyfryd
night—nos (f.) -weithiau; **good night**—
nos da; **tonight**—heno; **tomorrow
night**—nos yfory; **last night**—
neithiwr
night-dress—gwisg nos (f.) -oedd nos
no—na
noise—sŵn (m.) -synau
noisy—swnllyd
north—gogledd (m.)
nose—trwyn (m.) -au
not—ddim; **not at all**—dim o gwbl
nothing—dim, dim byd
now—nawr
nurse—nyrs (f.) -ys
nylons—sanau neilon (pl.)

O

o'clock—o'r gloch
of—o
off—i ffwrdd, bant
office—swyddfa (f.) -swyddfeydd;
booking office—swyddfa docynnau
often—yn aml
oil—olew (m.) -on
old—hen
on—ar
once—unwaith
onions—wynwns (pl.)
only—yn unig, dim ond, yr unig; **the
only place**—yr unig le; **only ten**—
deg yn unig/dim ond deg
open—agor (v.); ar agor *(on signs)*
opera—opera (f.) -âu
or—neu
orange—oren (f.) -nau
orchestra—cerddorfa (f.) -cerddorfeydd
other—arall; **the other one**—y llall;
others—lleill
ounce—owns (m.)
our—ein
oven—ffwrn (f.) -ffyrnau
over—dros; **the film is over**—mae'r
ffilm drosodd

P

pack—pacio (v.)
pain—poen (f./m.) -au
paint—paent (m.) -iau; peintio (v.)
pants—trôns (pl.)
paper—papur (m.) -au
parcel—parsel (m.) -i
parents—rhieni (pl.)
park—parc (m.) -iau; parcio (v.)
parliament—senedd (f.) -au
parsnips—pannas (pl.)
pass—pasio, mynd heibio i; estyn
(bread etc)
passenger—teithiwr (m.) -teithwyr
paste—past (m.); **tooth-paste**—past
dannedd
path—llwybr (m.) -au; **public
footpath**—llwybr cyhoeddus
pavement—pafin (m.)
pay—talu (v.); tâl (m.) -iadau
peas—pys (pl.)
peach—eirin gwlanog (pl.)
pedal—pedal (m.) -au
pedestrian—cerddwr (m.) cerddwyr
pen—ysgrifbin (m.)
penalty—cic gosb (f.) -iau cosb
pencil—pensil (m.) -iau
penny—ceiniog (f.) -au
pepper—pupur (m.)
perfume—persawr (m.) -au
perhaps—efallai
person—person (m.) -au
petrol—petrol (m.)
phone—ffonio (v.); ffôn (m.) -iau
Physics—Ffiseg
picture—llun (m.) -iau; darlun (m.) -iau
pig—mochyn (m.) -moch
pillow—clustog (f.) -au
pink—pinc
pint—peint (m.) -iau
place—lle (m.) -fydd/oedd
plane—awyren (f.) -nau
plate—plât (m.) -iau
platform—platform (m.)
play—chwarae (v.); drama (f.) -âu
player—chwaraewr (m.) -chwaraewyr
please—os gwelwch yn dda; plesio (v.)
pleased—balch
plug—plyg (m.) -iau
plumb—eirinen (f.) -eirin
pocket—poced (m.) -i
poet—bardd (m.) -beirdd
pole—polyn (m.) -polion
police—heddlu (m.)
police station—swyddfa'r heddlu
—**policeman**—plismon, heddwas
pork—porc (m.)
poor—tlawd
pop—pop (m.)
porter—cludydd (m.)—cludwyr; porter
(m.) -iaid
porridge—uwd (m.)
post—post (m.); postio (v.): **Post
Office**—Swyddfa'r Post
pot—pot (m.) -iau
potatoes—tatws—(pl.)
pottery—crochenwaith (m.)
preach—pregethu
preacher—pregethwr (m.) -pregethwyr
prefer—(g)well gyda; **I prefer**—mae'n
well gyda fi

prepare—paratoi
present—anrheg (m.) -ion; rhodd (f.)
-ion; presennol (m.) *(time);* **at
present**—ar hyn o bryd, nawr
pretty—pert, tlws
price—pris (m.) -iau
priest—offeiriad (m.) -offeiriaid
programme—rhaglen (f.) -ni
promise—addo (v.) addewid (m.) -ion
proud—balch
pub—tafarn (f.) -au
public—cyhoedd (m.); cyhoeddus
pudding—pwdin (m.)
pull—tynnu
pullover—siwmper (f.) -i
pump—pwmp (m.) -iau
purple—piws
purse—pwrs (m.) -pyrsau
put—rhoi, dodi, gosod
pyjamas—dillad nos (pl); gwisg nos (f.)

Q

quarrel—ffraeo (v.); cweryla (v.)
quarter—chwarter (m.) -i
queen—brenhines (f.) -au
question—cwestiwn (m.) -cwestiynau
queue—cwt (m.)
quick—cyflym
quickly—yn gyflym
quiet—tawel
quiz—cwis (m.)

R

race—râs (f.) -ys
rack—rhac (f.) -iau
radio—radio (m.)
railway—rheilffordd (f.) -rheilffyrdd
rain—glaw (m.) -ogydd; bwrw glaw (v.)
raise—codi
razor—llafn (f.) -au, rasel (f.) -ydd
reach—cyrraedd
read—darllen
ready—parod (a.); yn barod (ad.)
receive—derbyn
recite—adrodd
recognise—nabod
record—record (f.) -iau
recover—gwella
red—coch
remain—aros (v.); ôl (m.) -ion
remember—cofio
rent—rent (m.) -i
reserve—cadw; **reserved seat**—sedd
gadw
rest—gweddill (m.) -ion **(remainder)**;
gorffwys (v.)
return—dychwelyd
rich—cyfoethog
rice—reis (m.)
right—iawn *(correct)* y dde *(direction)*
to the right—i'r dde
ring—modrwy (f.) -on *(on finger)*; cylch
(m.) -oedd *(circle)*
river—afon (f.) -ydd
road—heol (f.) -ydd; **main road**—heol
fawr

rock—craig (f.) -creigiau
roll—rholyn (m.) -rholiau
Rome—Rhufain
room—stafell (f.) -oedd
rope—rhaff (f.) -au
rose—rhosyn (m.) -nau
rugby—rygbi
ruin—adfail (m.) -adfeilion
run—rhedeg

S

sad—trist
sail—hwylio (v.); hwyl (f.) -iau
seint—sant (m.) -saint
salad—salad (m.) -au
sale—gwerthiant (m.) -gwerthiannau;
   for sale—ar werth
salmon—eog (m.) -iaid
salt—halen (m.)
sand—tywod (m.)
sandal—sandal (m.) -au
sandwich—brechdan (f.) -au
sauce—saws (m.)
sausage—selsigen (f.) -selsig
say—dweud
scarff—sgarff (m.)
school—ysgol (f.) -ion
scissors—siswrn (m.) -sisyrnau
score—sgôr (m.); sgorio (v.)
Scotland—Yr Alban
screen—sgrîn (m.)
sea—môr (m.) -oedd
seat—sedd (f.) -au
second—eiliad (m.)
secretary—ysgrifennydd (m.)
   -ysgrifenyddion: ysgrifenyddes (f.) -au
see—gweld
self—hun
sell —gwerthu
selves—hunain
send—anfon, hala
sermon—bregeth (f.) -au
set—set (m.) -iau
sex—rhyw (f.)
shave—eillio
she—hi
sheep—dafad (f.) -defaid
sheet—cynfasen (f.) -cynfasau
shilling—swllt (m.) -sylltau
shirt—crys (m.) -au
ship—llong (f.) -au
shoe—esgid (f.) -iau
shop—siop (f.) -au
short—byr
shoulder—ysgwydd (f.) -au
shovel—rhaw (f.) -rhofiau, rhawiau
show—dangos (v.); sioe (f.) -au
shower—cawod (m.) -ydd
shut—cau (v.); ar gau (closed)
side—ochr (f.) -au
sign—arwydd (m.) -ion; llofnodi
silver—arian
sing—canu
singer—canwr (m.) -cantorion
sister—chwaer (f.) -chwiorydd
sit—eistedd; sitting room—ystafell
   fyw, lolfa
size—maint (m.) -meintiau
skin—croen (m.) -crwyn

skirt—sgert (m.) -iau
sky—awyr (f.)
slate—llechen (f.) -llechi
sleep—cysgu (v.); cwsg (m.); sleeping
   bag—sach gysgu
slip—llithro (v.)
slow—araf
small—bach
smaller—llai
smallest—lleia
smell—arogli (v.); gwynto (v.) arogl
   (m.) -au
smile—gwên (f.) -au; gwenu (v.)
snow—eira (m.); bwrw eira (v.)
so—felly
soap—sebon (m.)
soccer—pêl-droed (f.)
society—cymdeithas (f.) -au
sock—hosan (f.) -au
sofa—soffa (m.)
someone—rhywun (m.) -rhywrai
sometimes—weithiau
somewhere—rhywle
son—mab (m.) -meibion
song—cân (f.) -caneuon
soon—buan (a.); yn fuan (ad.)
sound—sŵn (m.) -synau
soup—cawl (m.)
speak—siarad
special—arbennig
spectacles—sbectol (f.); gwydrau (pl.)
speed—cyflymder (m.)
spend—gwario (money); treulio (time)
spirit—hwyl (f.) -iau (fun); ysbryd (m.)
   -ion (ghost); gwirod (m.) -ydd
   (drink)
spoon—llwy (f.) -au
spring—gwanwyn (m.) (season); sbring
   (m.) -iau
square—sgwâr (m.) -iau
stage—llwyfan (m.) -nau
stairs—grisiau (pl.)
stall—stondin (f.) -au
stamp—stamp (m.) -iau
start—dechrau
station—gorsaf (f.) -oedd
stay—aros
stockings—hosanau (pl.)
stomach—bol (m.) -iau; stumog (f.) -au
stone—carreg (f.) -cerrig
stop—aros; bus-stop—arosfan (f.)
storm—storm (f.) -ydd
story—stori (f.) -au
stove—ffwrn (f.) -ffyrnau
strawberries—mefus (pl.)
stream—nant (f.) -nentydd
street—stryd (f.) -oedd; high street—
   stryd fawr
strong—cryf
sugar—siwgr (m.)
suggest—awgrymu; cynnig
suit—siwt (f.) -iau; suit-case—cês
   dillad
summer—haf (m.)
summit—copa (m./f.) -on
sun—haul (m.)
sunbathe—torheulo, bolheulo
supper—supper—swper (m.) -au
sure—siŵr
swear—rhegi
sweet—melys
sweetheart—cariad (m.) -on
swim—nofio
switch—swits (m.) -ys

T

table—bwrdd (m.) byrddau, bord (f.) -ydd
tackle—offer (pl.); taclo (v.); tacl (m.)
   (rugby)
take—cymryd; mynd â (go with); take
   a picture
talk—siarad
tall—tal
tank—tanc (m.) -iau
tap—taten (f.)
tart—tarten (f.)
taste—blas
tasty—blasus
taxi—tacsi—(m.)
tea—te (m.)
teach—dysgu
teacher—athro (m.) -athrawon;
   athrawes (f.) -au
team—tîm (m.) -au
teapot—tebot (m.)
tease—poeni
telegram—brysneges (f.) -au
telephone—teliffôn (m); ffonio (v.)
tennis—tenis (m.)
temperature—tymheredd (m.); gwres
   (m.) illness
tent—pabell (f.) -pebyll
thanks—diolch
that—hwnnw (.m.a.), honno (f.a.); bod
   (I know that . . .) y bydd (with
   future)
theatre—theatr (f.) -au
their—eu
them—nhw
these—rhain (pl.); hyn (a.)
they—nhw
thin—tenau
thing—peth (m.) -au something—
   rhywbeth
think—meddwl
thirst—syched (m.); I'm thirsty—mae
   syched arna i
this—yma, hwn (m.a.), hon (f.a.); this
   one—hwn (m.), hon (f.)
thousand—mil
throat—gwddf (m.) -gyddfau
throw—taflu
ticket—tocyn (m.) -nau
tide—llanw (m.)
tie—tei (m.); clymu (v.)
time—amser (m.) -au; what's the
   time?—beth yw'r amser?
timetable—amserlen (f.) -ni
tire—blino
tired—wedi blino, blinedig
toast—tost (m.); tostio (v.)
tobacco—tybaco (m.), baco (m.)
toe—bys troed (m.) -bysedd traed
toiled—tŷ bach (m.) -tai bach; toilet
   paper—papur tŷ bach
tomato—tomato (m.) -tomatau
tomorrow—yfory, fory
tongue—tafod (f.) -au
tonight—heno
too—rhy
tool—offeryn (m.) -offer
tooth—dant (m.) -dannedd: I've got

toothache—mae'r ddannodd arna i
tower—twr (m.) tyrau
town—tre (f.) -fi
toy—tegan (m.) -au
traffic—trafnidiaeth (f.); **traffic lights**—goleuadau (trafnidiaeth)
train—trên (m.) -au
transport—cludiant (m.), cludo (v.)
travel—teithio
treble—trebl
tree—coeden (f.) -coed
trousers—trwser (m.) -i
trout—brithyll (m.)
tune—alaw (f.) -on, tôn (f.) -au
tunnel—twnnel (m.) -twnelau
turkey—twrci (m.) -od
turn—troi (v.); tro (m.) -eon
tweed—brethyn (m.); **Welsh tweed**—brethyn Cymru
twenty—ugain, dau ddeg
twice—dwywaith
tyre—teiar (m.) -s

U

ugly—salw, hyll
umbrella—ymbarél (m.)
uncle—ewythr (m.) -ewyrth
understand—deall
unfortunately—yn anffodus
upstairs—llofft (f.) -ydd; **go upstairs**—mynd lan llofft

V

vale—pant (m.) -iau, cwm (m.) -cymoedd
valley—cwm (m.) -cymoedd
value—gwerth (m.) -oedd
vegetables—llysiau (pl.)
vehicle—cerbyd (m.) -au
very—iawn *(follows a.)*
village—pentre (m.) -fi
vinegar—finegr (m.)
voice—llais (m.) -lleisiau

W

wait—aros; **no waiting**—dim aros
waiting room—ystafell aros (f.) -oedd aros
waiter—gweinydd (m.); gweinyddes (f.) -au
wake—deffro
Wales—Cymru; **Parliament for Wales**—Senedd i Gymru
walk—cerdded; **go for a walk**—mynd am dro
wall—wal (f.) -iau, mur (m.) -iau
want—eisiau, moyn; **I want**—rydw i'n moyn
wardrobe—cwpwrdd dillad
warm—twym, cynnes

wash—golchi, ymolchi *(wash oneself)*
wash basin—basn ymolchi (m.)
water—dwr (m.) -dyfroedd
water falls—rhaeadr (f.) -au
watch—oriawr (f.) -oriorau; gwylio (v.)
wave—ton (f.) -nau
way—ffordd (f.) -ffyrdd; **one way**—un ffordd
weak—gwan
wear—gwisgo
weather—tywydd (m.)
wedding—priodas (f.) -au
week—wythnos (f.) -au
Welsh—Cymraeg *(language)*; Cymreig (a.)
Welshman—Cymro (m.) -Cymry
Welshwoman—Cymraes (f.)
wet—gwlyb (a.); gwlychu (v.)
what?—beth?; **what's the matter?**—beth sy'n bod?
wheel—olwyn (f.) -i
when?—pryd?
where?—ble?
which?—pa?
white—gwyn
Whitsun—Sulgwyn (m.)
why?—pam?
wide—llydan
wife—gwraig (f.) -gwragedd
will—bydd *(3rd person of v.);* ewyllys (f.)
win—ennill
wind—gwynt (m.) -oedd
window—ffenest (f.) -ri
wine—gwin (m.) -oedd; **wine list**—rhestr win
winter—gaeaf (m.) -oedd
wish—dymuno—(v.); dymuniad (m.) -au; **best wishes**—dymuniadau gorau, cofion gorau
woman—menyw (f.) -od
wood—pren (m.) -nau
wool—gwlân (m.)
word—gair (m.) -geiriau
work—gwaith (m.) -gweithfeydd; gweithio (v.)
world—byd (m.)
worse—gwaeth
worst—gwaetha
wound—clwyf (m.) -au
write—ysgrifennu; **writing paper**—papur ysgrifennu

Y

year—blwyddyn (f.) -blynyddoedd; blynedd *(after numbers)*
yellow—melyn
yes—ie, oes, ydy, ydyn etc *(see grammar)*
yesterday—ddoe
young—ifanc
you—chi
your—eich
Youth Hostel—Hostel Ieuenctid

It's easier with the . . .

CASSETTE

Now available at just £4.95 for a 1-hour tape!

**Practise your pronunciation:
follow the lessons on tape as you use this book!**

Get it at your local bookseller or direct from us at Y Lolfa
(adding 15% for postage)—details overleaf.

We publish a wide range of very popular books for Welsh learners, ranging from the ridiculously simple **LAZY WAY TO WELSH**, to the humorous **WELSH IS FUN** series, and on to the more ambitious **WELCOME TO WELSH** and **LEARNER'S DICTIONARY**. For a full list of these and other publications, send now for your free copy of our 48-page, full-colour Catalogue—or just surf into it on the Internet!

Talybont Ceredigion Cymru SY24 5HE
e-mail ylolfa@netwales.co.uk
internet http://www.ylolfa.wales.com/
tel (01970) 832 304
fax 832 782